传统蒙学基本丛书

普及类古籍整理图书专项资助项目

千金裘

[清] 蒋义彬 编纂

岳麓書社·长沙

图书在版编目(CIP)数据

千金裘/(清)蒋义彬编纂.—长沙:岳麓书社,2022.10

ISBN 978-7-5538-1059-1

Ⅰ.①千… Ⅱ.①蒋… Ⅲ.①作文课—学前教育—教学参考资料 Ⅳ.①G613.2

中国版本图书馆CIP数据核字(2018)第301372号

QIANJINQIU

千金裘

编　　纂:[清]蒋义彬
责任编辑:吴　茵
责任校对:舒　舍
封面设计:严　丽

岳麓书社出版发行
地址:湖南省长沙市爱民路47号
直销电话:0731-88804152　0731-88885616
邮编:410006

版次:2022年10月第1版
印次:2022年10月第1次印刷
开本:787mm×1092mm　1/32
印张:7.5
字数:143千字
印数:1—3000
ISBN 978-7-5538-1059-1
定价:18.00元

承印:廊坊市博林印务有限公司

如有印装质量问题,请与本社印务部联系
电话:0731-88884129

前　言

封建时代的蒙馆，没有专讲语法修辞的课程，但儿童经过集中识字，进入读写基础训练阶段之后，先生要教学生作对子（旧称“属对”），已收入《传统蒙学基本丛书》的《声律启蒙》，就是指导学生属对的课本。儿童在念熟“云对雨，雪对风。晚照对晴空。来鸿对去燕，宿鸟对鸣虫”之类的句子后，不但学会了云、雨、雪、风，晚照、晴空，来鸿、去燕，宿鸟、鸣虫等许多色彩斑斓的词汇，还逐渐懂得作对子要实词对实词，虚词对虚词，字数要相等，句法要相同，声调要平仄相对，等等，然后根据这些要求自己去练习，先作一字对、二字对，再逐步增加。有个故事，说明代洪武时年少登科的才子解缙，幼时在家乡吉水山乡家居，见对面曹尚书家竹林茂密，在自家的墙壁上贴了一副春联，联曰：“门对千竿竹，家藏万卷书。”曹家见后，故意把竹尖全部砍去，解缙随即把对联改为：“门对千竿竹短，家藏万卷书长。”曹家见没难倒他，又把竹林全部砍掉，再看解缙的对联，早改成了“门对千竿竹短无，家藏万卷书长有”。故事说得绘声绘影，其实就是旧时儿童属对的增字之法。古人认为这是通文理捷径，近代教育家蔡元培也认为“对课与现在的造句法相近”，说明这种方法不仅可以帮助学生学会吟诗作对，还是一种实际的语音、词汇、语法、修辞训练。

科举考试，无论作诗作文，都要讲究对仗。为了在科场上取胜，要求文字能“力扫陈腐，领异标新”，本书纂者蒋义彬在二集的《凡例》中说：“诗赋与四六骈体，固须腹笥富有，要必贵新、贵工、贵巧。富而不新，则为尘饭土羹；新而不工，则为穷驴跛鳖；工而不巧，则又如雕龙刻凤，淹淹无灵气。”贵新、贵工、贵巧，是他应科举考试的经验，也是他编此书的指导思想。这里所说的新，与我们现在所说的创造性思维，概念完全不同，因为尽管花样不同，而取材则一，超不出典籍中有关天地风云、山水郡国、仕宦科名、伦类形体、文学武功以至居处饮食、鸟兽草木等方面的内容。所谓标新，只是看你如何运用这些材料。用人所共知的平实典故，当然不能新巧，蒋义彬提供了一个办法，“平日取对偶新色之字熟记之，临时自能工巧”。这些新巧对句，“大抵皆假借为用，活变为对，兹集专仿此意”。就是说《千金裘》为学者提供了资料和范例。这当然还是一种记问之学，不是创造性的思维，科举考试只是“代圣贤立言”，不需要也不允许有什么创见，这种记问之学也就十分必要。

记熟这些“对偶新色之字”，对学生的造句选字会有帮助，因而有助于文章的古雅雄奇。曾国藩在给儿子曾纪泽的信中说：“雄奇以行气为主，造句次之，选字又次之。然未有字不古雅而句能古雅，句不古雅而气能古雅者，亦未有字不雄奇而句能雄奇，句不雄奇而气能雄奇者。是文章之雄奇，其精处在行气，其粗处全在造句选字也。”在另一信中，他要求儿子在看《文选》时，“宜略钞典故藻汇，分类钞记，以为馈贫之粮”，克服为文“词藻太寒俭”的缺点。古人作文，强调无一字无来历，大量的成语典故，来自群经诸子，旁及小说、神话、寓言，取材相同，而要求花样翻新，别开生面，只有如武穆用兵，“运用之妙，存乎一心”，在选字、造句、行文上，善于运用平日所记典故藻汇，新色对句，《千金裘》的“各按门类摘取菁华，以备初学览记”，与曾国藩所说的分类抄记典故藻汇，都是作为“馈贫之粮”，本书在当时之所以能不胫而走，大受欢迎，原因就在这里。

时至今日，写作要取材于社会生活，吸取人民大众活的有生命力的语言，而不再是从故纸堆中绕圈子，讨生活，“千金裘”式的供写作参考的书，所起的作用已十分有限，但作为一种文化遗产，仍可供我们阅读欣赏，蒋氏标明“是编为应制之用，典故多取冠冕”，文学性不强，但仍可熟悉一些词章典故，如卷二十“仙释”中说“老子度关，乘青牛薄板车”，这与传说中的老子骑青牛过函谷关，说法有异，骑青牛变成了乘青牛所驾的车，虽同属传说，颇觉新鲜，可资博学。其次，书中这种假借为用，活变为对的方法，虽是为旧时应试者提供范例，也还可供今天学者借鉴。书中所列对文，多由古诗文变化而来，别出心裁，自成巧对，如“天部”中的“岁箭”“天弓”“催花雨”“掰柳风”“三点雨”“廿四番风”“地部”中的“五老”“八公”“日本”“月支”“山脊”“井眉”“挑菜渚”“浣花村”，与通常所见平实典故相比，确有新奇独特之处。我们今天不做骈文了，写旧体诗的也不多，但为了使文字音节响亮，语句整齐，也常使用对偶句子，婚丧喜庆书写对联，则更为常见，似可借鉴这种假借为用，活变为对的方法，使文字在遣词造句上新鲜活泼，起伏多姿。再是可供语文教学研究者参考。前人认为属对是通文理捷径，与现在的造句法相近，是否也可应用于今天的语法修辞知识教学之中，使这方面的教学不停留在一堆定义和术语上，真正对提高学生写作水平有益。

本书编纂者蒋义彬，生平事迹不详，从《自序》中看，他童年就参加了科举考试，“制义而外，雅好诗赋”，刊行本书，他说是“借以问世，或亦成名之一术云”，看来有些牢骚，可能是一位困于场屋的老儒。是书刊行于嘉庆丙子，说明他是清代乾隆嘉庆时人。除本书外，他还与同乡人徐元麟合纂过《千金裘二集》二十六卷，是对一集的增补，体例一仍其旧。一集二集均于道光丁酉重镌，经元堂梓行。我们这次是以重刊本为底本，根据有关资料，对原书加以订正。如“天部”中习“桑榆”二条，原书注释引刘休元诗：“愿垂薄暮影，照妾桑榆时。”现根据纂者意见，改为引《淮南子》“日西垂景在树端，谓之桑榆”。这就把“桑榆”的出处讲明了。类似例子还有多处。对书中的异体字和错字都径予改正。由于水平所限,可能还有差错,敬希高明指正。

编　者

2019 年 12 月

目　录

自　序

忆自童年应试之时，制义而外，雅好诗赋。数十年来，抄选典坟诸书不下万千纸。第念贪多者鲜功，淹久者终废，精力虽竭，而没世无闻，噫！亦可惜也夫。昨残冬无事，爰于典故中择其合于时尚者，裁成对语，以为初学诗赋之资，而同人见之，怂恿付梓，予因借以问世，或亦成名之一术云。

嘉庆丙子季春上浣蒋义彬序

凡　例

一、近科馆阁诗赋以及乡会试帖，俱力扫陈腐，领异标新，风会日隆，驾唐轶宋，询国朝之极轨也。第花样不同，而取材则一。其所用字眼，总不外风云、山川、伦类、形体、草木、鸟兽以及干支、卦名、方位、颜色、数目，再或取象杂物等类，大抵皆假借为用，活变为对，兹集专仿此意，合上数行体例者则录之，其余平实典故，概不采录。

一、古今类书，皆足以资博学，兹集本非排纂类书，因随见随抄，漫无纪律，是以分天、地、人、物四部，以便逐类抄写，在观者亦易检查。

一、天、地二部，取材甚窄，故只荟萃抄之。人、物二部，分以子目，庶几各归条理。

一、《佩文韵府》上下平韵皆纂有对语，兹集遵照此式，各类皆依韵编次，前后乃得画一。

一、有一典而数处可用者，不得不兼收之，其注解先已载明，后只写见某条注，以免重烦。至各条之下，俱只略为注明，且有未录原文者，因限于篇幅，识者谅之。

一、韩子云：记事者必提其要。是集自二字以至四字，各按门类摘取菁华，以备初学览记，至于临时酌用，活变居多，是在会心人领略。

一、所采典故，只就案头常用之书，学人共知者录之，间有僻典，亦经昔人采取，非敢自炫渊博也。其或注解未备，无难捡原书查之。

一、赋中多押虚字，须平日留心，临时乃能应手。但虚字不同，或有即作实字用者，或者以虚对实以实对虚者，总在因难见巧、押得稳惬为妙，卷首附录一卷，于虚字皆略见焉，学者亦可备触类旁通之益。

一、是集抄自乙亥冬杪，蕆于丙子仲春，克期速成，挂漏之讥知所不免，博雅君子，匡所不逮，则幸甚幸甚！

卷一　天部

岁箭　贡奎诗:芳岁惜流箭。

天弓　《老子》　天之道其犹张弓乎。

天鼓　《河图帝通纪》　雷,天之鼓也。

帝弓　《白虎通》　天弓,虹也。亦名帝弓。

枉矢　《汉书》　枉矢状类大流星。

悬弓　《侯鲭录》　月如悬弓,少雨多风;月如偃瓦,不求自下。

碧落　《度人经注》　东方第一天有碧霞遍满,是云碧落。

黄宫　《太玄经》　阳气潜萌于黄宫。

玉宇　《拾遗记》　俄见月规半天,琼楼玉宇烂然。

珠宫　殷克恭诗:珠宫月最明。

坎雨　《周易集林》　其爻发变,得坎为雨。

乾风　《岁华纪丽》　羽律才移,乾风更肃。注:十月。

丝雨　张协诗:密雨如散丝。

绪风　《楚辞》　欸秋冬之绪风。注:绪,余也。

子雨　荀子《云赋》　友风而子雨。

友风　见上。

雌霓　沈约《郊居赋》　雌霓连蜷。云霓之霓，音倪。雌霓之霓，音啮。

雄风　宋玉《风赋》　此大王之雄风也。

催花雨　《纂要》　花朝前雨，谓之催花雨。

掰柳风　《风土记》　河朔春时，疾风数日一作，曰吹花掰柳风。

两三点雨　李山甫诗：有时三点两点雨。

廿四番风　《岁时记》　始梅花，终楝花，凡二十四番花信风。

气母　《庄子音义》　气母，元气之母也。

天公　《唐书》　明皇命羯鼓纵击，柳杏皆发。曰：不唤我作天公，可乎？

天匠　欧阳修诗：天匠染青红。

雨工　《异闻录》　柳毅见泾川妇人牧羊，问之，曰：此非羊，雨工也。何谓雨工？曰：雷霆之类。

三白　《朝野佥载》　要宜麦，见三白。

半红　唐太宗诗：障霞隐半红。

乾象　《唐书》　钦若乾象。

泰鸿　《鹖冠子》　调泰鸿之气。

六鹢　《左传》　六鹢退飞，过宋都。注：鹢高飞，遇风而退，宋人以为灾。

九鸿　《鹖冠子》　天有九鸿。注：九方。

神女电　王褒诗：窗开神女电，梁映美人虹。

美人虹　见上。

青帝　《月令》　其帝青帝。

碧翁　《清异录》　晋出帝咏，天日高平，上監碧翁。

荃宰　任昉《宣德皇后令》　使荃宰有寄。

棣通　《汉书》　万物棣通。注：棣音替，谓通意也。

垂象　《易》　天垂象。

飞龙　《易》　飞龙在天。

盐虎　《名臣言行录》　韩魏公喜雪诗：危石盖深盐虎陷，老枝擎重玉龙寒。

玉龙　见上。

蚁磨　《晋书》　日月实东行，而天牵之以西，如蚁行磨上。

蠓春　郭璞云：蠓飞，碾则天风，春则天雨。

风伯　《风俗通》　飞廉，风伯也。

雨师　《广雅》　雨师屏翳。

鹑尾　《晋语》　岁在寿星及鹑尾，其有此上乎？

蛾眉　鲍照《玩月》诗：娟娟似蛾眉。

乾纪　魏收文：握兹乾纪。

巽维　《历义疏》　日之行，陆至于巽维，东南负极之于此，故曰冬至。

扬母　《岭表录》　春夏间有晕如虹，谓之扬母，必有飓风。

封姨　《合璧事类》　封家姨，乃风神也。

月姊　李商隐诗：月姊曾逢下彩蟾。

风姨　见前“封姨”注。

电母　苏轼诗：麾驾雷车呵电母。

星妃　李商隐诗：未遣星妃镇来去。

渡鸟　刘长卿诗：汉口夕阳斜渡鸟。

惊鱼　白行简有《新月误惊鱼赋》

天驷　《星经》　房四星亦曰天驷。

帝车　《史记》　斗为帝车。

月驷　《玉海》　云螭月驷，天储其英。

雷车　韩愈《讼风伯》　雷鞭车兮电摇炽。

丹桂　卢肇《天河赋》　氛氲更袭于丹桂。

白榆　《古乐府》　天上何所有，历历种白榆。注：榆，寿星也。

葵藿　曹植《表》　若葵藿之倾太阳。

桑榆　《淮南子》　日西垂景在树端，谓之桑榆。

戏玉　《清异录》　凡雪，仙人亦重之，号天公玉戏。

流珠　《参同契》　永日为流珠。

坤轴　《宋史·乐志》　西海位奄浸坤轴。

乾枢　周翰《赋》　结坤之络，振乾之枢。

野马　《庄子》　野马也。○野马，日光也。

隙驹　《庄子》　人生天地间，若白驹之过郤。《音义》　白驹，日也。郤，亦作隙，孔也。

白帝　《月令》　其帝白帝。

黄姑　《荆楚岁时记》　河鼓、黄姑，牵牛也。

顾兔　屈原《天问》　厥利维何而顾兔在腹？

踆乌　《淮南子》　日中有踆乌。

石燕　《湘州记》　零陵有石燕，遇风雨则飞。

铜乌　《述征记》　长安灵台有相风，铜乌遇千里风乃动。

升兔　贾岛诗：圆魄将升兔。

织乌　《侯鲭录》　织乌西飞，客还家。织乌，日也，往来如梭之织。

龙见　《左传》　龙见而雩。注：建巳之月苍龙宿昏见东方。

鹑栖　张衡《赋》　溽暑至而鹑火栖。注：季夏之时，鹑火退于西也。

乾宇　《宋南郊歌》　乾宇晏。

泰阶　《黄帝泰阶六符经》　泰阶者，天之三阶也。

雌电　宋璟诗：雄雷雌电倾河来。

雄雷　见上。

六甲　《律历志》　日有六甲，辰有五子。十一而天地之道毕。

三辰　《左传》　三辰旂旗，昭其明也。〇三辰，日月星也。

上巳　《月令章句》　今三月上巳，祓禊水滨。

元辰　《月令》　乃择元辰，躬耕帝籍。

吉戊　《诗》　吉日维戊。

良辰　梁元帝《纂要》　春曰青阳，夏曰良辰。

青丙　《周髀算经注》　上天名青丙，下地名青戊。

朱辰　谢庄《青帝歌》　凯风扇朱辰。

甲子　刘璠《雪赋》　庚辰有七尺之厚，甲子有一丈之深。

庚辰　见上。

青女　《淮南子》　至秋三月，青女乃出，以降霜雪。

黄人　《孝经援神契》　黄人守日，远人来附。

羊角　王筠诗：风生似羊角，云上若鱼鳞。

鱼鳞　见上。

丑腊　《晋书》　子社丑腊。

寅春　梁元帝《纂要》　正月曰孟春，亦曰寅春。

虹带　陆机诗：飞阁缨虹带。

雾巾　包贺诗：雾是山巾子。

菱镜　袁桷诗:碧潭映月菱花镜。

桂轮　何景明诗:长安今夜月,复满桂花轮。

象御　袁桷诗:象御天街正,乌轮海观升。

乌轮　见上。

解雨　《易》　雷雨作解。

需云　《易》　云上于天需。

縠雾　《金楼子》　星如玉李,月上金波。雾生犹縠,河垂似带。

缯云　《易通卦验》　立秋,云出如赤缯。

五两　郭璞《江赋》　觇五两之动静。注:统,候风也。楚人谓之五两。

三分　徐凝诗:天下三分明月夜,二分无赖是扬州。

电父　《管辂别传》　使召雷公电父。

雷君　《焦氏易林》　雷君出装,隐隐西行。

云将　《庄子》　云将东游过扶摇之枝而适遭鸿蒙。

日君　韩愈诗:日君月妃。

风女　《五色线》　雨丝风女织。

天孙　《史记》　织女,天女孙也。

离父　《易乾凿度》　火为坤母,巽为离父,金乃坤孙。

坤孙　见上。

玉镜　许谦《题延月楼》诗:玉镜飞空天地白。

金盆　陆游诗:山月涌金盆。

金镜　杜牧诗:仙桂茂时金镜晓。

玉盘　李白诗:小时不识月,呼作白玉盘。

黄棉袄　《鹤林玉器》:大雪既晴,邻里相呼曰:黄棉袄子出矣。

赤玉盘　李贺诗:东方发红照,推捍赤玉盘。

子水　《论衡》　天将雨,山先出云,云积为雨,雨流为水。然则山者父母,水者子弟也。

父山　见上。

太一　《天文志》　中宫天极星,其一明者,太一常居也。

大千　《华严经》　三千大千世界之中。

五六　《汉书》　夫五六者,天地之中合也。

万千　范仲淹文:朝晖夕阴,气象万千。

戌地　《后汉书》　以丙戌日祠风伯于戌地。

庚天　陆游诗:赤日烈庚天。

年矢　周兴嗣《千文》　年矢每催。

月弦　谢灵运诗:月弦光照户。

芦雨　周贺诗:芦雨入船声。

蓼烟　柳永词:蓼烟疏淡,苇风萧索。

蛩雨　陈充平诗:雁烟蛩雨又黄昏。

雁烟　见上。

亥日　白居易诗:亥日饶虾蟹,寅年足虎貙。

寅年　见上。

凤纪　杜甫诗：凤纪编生日。

龙躔　崔融《贺表》　交日月于龙躔。

风箭　苏辙诗：君帆一何驶，去若乘风箭。

电鞭　卢照邻诗：雷车电作鞭。

午夜　韦庄诗：午夜清歌月满楼。

寅朝　司空图诗：清景见寅朝。

甲纪　张雨《元日》诗：岁开环甲纪，星动指寅杓。

寅杓　见上。

月额　《金楼子》　月旦日雨为月额雨。

虹腰　刘弇诗：界雨晚虹腰。

牛渚　《晋书》　谢尚镇牛渚，乘月微服泛江。

鹊桥　《淮南子》　乌鹊填河成桥，渡织女。

牛目　《战国策》　天大雨雪，至于牛目。

鹤毛　庾信诗：鹤毛飘乱雪。

鸿爪　柳贯《大雪戏咏》　践迹嗔鸿爪。

鹅毛　白居易诗：可怜今夜鹅毛雪，引得高情鹤氅人。

霞绮　谢朓诗：余霞散成绮。

云罗　梁元帝《赋》　秋云似罗。

银汉　《鸡跖集》　天河谓之银汉。

金波　汉《郊祀歌》　月穆穆以金波。

归妹　《后汉书注》　羿请不死之药于西王母，姮娥窃之，筮之于有黄，有黄曰：吉，翩翩归妹，独将西行。姮娥遂托身于月。

影娥　《洞冥记》　帝起俯月台，台下穿池。月影入池中，使宫人乘舟弄影，因名为影娥池。

尤妇　《江湖纪闻》　百氏女嫁为尤郎妇，尤出不归，妻临亡叹曰：吾恨不能阻其行，以至此。自后商旅发船，值打头风，曰：此石尤风。

孟婆　《潜确类书》　帝之女游于江中，出入必以风雨自随，以帝女故曰孟婆。

柳絮　《世说》　谢太傅与儿女讲论文义，俄而雪骤，公曰：白雪纷纷何所似？兄子胡儿曰：撒盐空中差可拟。兄女曰：未若柳絮因风起。

梅花　李商隐《对雪》诗：梅花大庾岭头发，柳絮章台街里飞。

铜仙露　丁鹤年诗：谁怜清露泣铜仙。

玉女霞　庄南杰诗：玉女舒霞织天面。

玉虎　《河图》　玉虎晨鸣。注：雷声。

金蛇　苏轼诗：电光时掣紫金蛇。

银兔　隋炀帝诗：清露冷侵银兔影。

金鸦　韩愈诗：金鸦既腾翥。

震气　张说诗：离光升宝殿，震气绕香台。

〇震气,霄也。

离光 见上。〇离光,日也。

少女 《魏志·管辂传》注:辂言:树上已有少女微风,其应至矣。

大王 见前"雄风"注。

碧宇 陈樵诗:碧宇星回夜漫漫。

红墙 李商隐诗:本来银汉是红墙。

细柳 《淮南子》 日出于旸谷,浴于咸池,拂于扶桑,是谓晨明。日入崦嵫,经细柳。

扶桑 见上。

宋鹢 见前"六鹢"注。

商羊 《家语》 天将大雨,商羊起舞。

苍狗 杜甫诗:天上浮云如白衣,须臾改变为苍狗。

黄羊 《月令占候图》 立秋,黄云如群羊,宜粟谷。

金虎 刘孝绰《望月》诗:玉羊东北上,金虎西南昃。

玉羊 见上。

玉马 庾信《雪诗》 还如驱玉马,暂似猎银獐。

银獐 见上。

朱夏 傅咸《赋》 应青春而敷蘖,逮朱夏而诞英。

素商　梁元帝《纂要》　秋曰素商。

太乙　《汉书》　我太乙之精，天帝闻金卯之子博学，下而观焉。

长庚　《诗》　西有长庚。

五戊　《统天万年历》　立春、立秋后五戊，为春秋社。

三庚　《岁华纪丽》　当三庚口，思六癸符。注：夏至后第三庚为初伏。

黄乙　《周髀算经注》　王政去天，名曰黄甲。日底地上至日，名曰黄乙。

白庚　《岁华纪丽》　秋曰白藏，一曰白庚。

生甲　《路史》　日生于甲，月出于庚。

发庚　欧阳詹《赋》　风发于庚。

换甲　范成大诗：或喜逢庚霁，或愁换甲雨。

逢庚　见上。

戊雨　《日家四时占》　久晴逢戊雨，久雨望庚晴。

庚晴　见上。

玉烛　《尔雅》　四时和，谓之玉烛。

铜钲　苏轼诗：树头初日挂铜钲。

近丁　李频《老人星见》诗：春后先依景，秋来忽近丁。

占壬子　《魏志·管辂传》注：近壬子日，直满，毕星中已有水气，雨顷至也。

禁丙丁　《岁华纪丽》注:俗说久雨不晴,禁丙丁乃得晴。

蜀犬　韩文:蜀中山高,每日出则犬吠之。

吴牛　《风俗通》　吴牛苦于日,故望月而喘。

槐夏　赵师民诗:槐夏午阴清。

兰秋　梁元帝《纂要》　七月日兰秋。

象纬　马臻诗:夜短鸡筹促,天寒象纬高。

鸡筹　见上。

雨矢　韩愈诗:雨矢逐天狼,电矛驱海若。

电矛　见上。

箕舌　《诗》　维南有箕,载翕其舌。

斗喉　《后汉书》　北斗为天喉舌。

北榭　戴复古诗:西吴东楚献风月,南楼北榭拥星辰。

南楼　《晋书》　庾亮镇武昌,诸佐吏乘月登南楼,亮至,曰:老子于此,兴复不浅。

雨脚　陈三聘诗:月傍云头吐,风将雨脚吹。

风头　岑参诗:雨过风头黑,云开日脚黄。

瑶镜　刘禹锡《玩月》诗:曲沼疑瑶镜。

玉钩　鲍照《玩月》诗:纤纤如玉钩。

庚伏　《历忌释》　立秋,以金代火,金畏火,故至庚日必伏。

卯临　《参同契》　八月本杀伏,而东卯临之,故荠麦发生。

朏魄 谢庄《月赋》 朏魄示冲。注:月三日而成魄。

守心 《孝经钩命决》 岁星守心,年谷丰。○心,三星,一名大火。

利眼 陆机《连珠》 利眼临云。○谓日也。

当心 《古诗》 日出当心。

开甲 《西京杂记》 太平之世,风不鸣条,开甲散萌而已。

占壬 见前“占壬子”注。

物祖 《汉书》 天者,群物之祖也。

圣男 《易林》 乾作圣男,坤为智女。

得一 《老子》 天得一以清。

函三 《汉书》 太极元气,函三为一。

吹万 《庄子》 敢问天籁,曰:夫吹万不同,而使其自已也。

照三 《周髀算经》 冬至昼极短,日出辰而入申,阳照三。

滕六 《幽怪录》 滕六降雪,巽二起风。

葛三 《原化记》 崔希真见一老人避雪门下,延入,崔入内,出已去矣。幄中得图,茅山李函光天师曰:此真人葛洪第三子所书也。

照九 《周髀算经》 夏至昼极长,日出寅而入戌,阳照九。

成三　李白诗：举杯邀明月，对影成三人。

九九　《帝京景物略》　冬至画素梅一枝，为瓣八十有一，日染一瓣，曰九九销寒图。

三三　阎朝隐诗：三月重三日。

二七　刘桢《鲁都赋》　素秋二七，国子水嬉。○谓七月十四日秋禊也。

重三　见前“三三”注。

空碧　李白诗：天光摇空碧。

蔚蓝　杜甫诗：上有蔚蓝天。

堆面　《云仙杂记》　群公对雪，尚隆之曰：面堆金井，谁调汤饼？

撒盐　见前“柳絮”注。

玉兔　白居易《中秋望月》诗：照他几许人肠断，玉兔银蟾远不知。

银蟾　见上。

风剪　贺知章诗：二月春风似剪刀。

卷二　地部

五老　李白诗：庐山东南五老峰。

八公　《水经注》　淮南王养方术之徒，忽有八公诣门求见，乃与安白日升天。其所升之处山，即以八公为目。

浮翠　唐彦谦诗：云净山浮翠。

软红　苏轼诗注：西湖风月，不如东华软红香土。

百雉　《左传》　都城不过百雉。

八鸿　《拾遗记》　视八鸿若萦带。注：八鸿，八方之名。鸿，大也。

虎落　《汉书》注：虎落者，外蕃也。

蚕丛　李白《蜀道难》　蚕丛及鱼凫，开国何茫然。

火鼠　《旧唐书》　烛龙外野，悉在梯航；火鼠穷郊，咸归正朔。

烛龙　见上。

鹫岭　《杭州图经》　晋西域僧惠理登杭州飞来峰，曰：此是天竺国灵鹫山之小峰，不知何年飞来。因而得名。

雁峰　《一统志》　在衡州，雁至此不过，遇春而回。

贞妇石　《寰宇记》　有贞妇姑抑而嫁，不从身投，室有大石涌出，号贞妇石。

丈人峰　《岱志》　泰山有丈人峰。

千千界　《华严经》　四天下共一日月，为一世界，有小千世界，中千世界，大千世界。

六六峰　《一统志》　嵩山三十六峰。又李濂诗：伏枕愁看六六峰。

日本　《唐书·日本国传》　日本，古倭奴也。

月支　梁简文帝诗：将军定月支。

蚊负　《庄子》　是犹使蚊负山，商蚷驰河也，必不胜任矣。

蚷驰　见上。

石丈　《石林燕语》　米芾知无为军，初入州廨，见立石颇奇，取袍笏拜之，呼曰石丈。

水师　《云仙杂记》　陶渊明闻田水声，曰：此水过吾师丈人远矣。

山脊　苏舜钦诗：窈窕压山脊。

井眉　扬雄《酒箴》　观瓶之居，在井之眉。注：眉，井边也。

真面　苏轼诗：不识庐山真面目，只缘身在此山中。

修眉　王恭诗:遥峰写修眉。

狐听　林滋《阳冰赋》　别浦宵凝,狐听之声乍绝;回汀晓合,虫疑之质忽生。

虫疑　见上。

井络　柳宗元《剑门铭》　井络坤垠,时惟外区。

坤维　《晋书》　德均载物,比大坤维。

富媪　《双书》　后士富媪。注:坤为母,故称媪。

柔祇　谢庄《月赋》　柔祇雪凝。

月窟　《旧唐书》　包含日域,牢笼月窟。

日畿　《海录碎事》　天子之畿方千里,象日月经围,故曰日畿。

乾轴　袁宏《三国名臣赞》　赫赫三雄,并回乾轴。

坤舆　《易》　坤为大舆。

羊隶　《唐书·突厥传序》　牧马之童,乘羊之隶,赍毳毦邀利者,相错于路。

象胥　《周礼》　象胥传王者之言而论说焉?

启母　郑惟忠《古石赋》　依依识启母之形,亭亭表望夫之状。〇见《淮南子》。

望夫　见上。见《幽明录》。

儿店　白居易诗:水驿路穿儿店月,花船棹入女湖春。

女湖　见上。

东丁水　《老学庵笔记》　古人题作东丁水，自古东丁直到今。

西子湖　《西湖游览志》　西湖又名西子湖。

智女　见“天部·圣男”注。

圣姑　《水经注》　会稽山下有禹庙，庙有圣姑像。禹治水，旱，天赐神女，圣姑即其像也。

川后　刘孝威诗：君为川后臣，妾作江妃娣。

河姑　《元真子》　涛之灵曰江胥，汉之神曰河姑。

赤县　《史记》　中国名曰赤县神州。

黄垆　《淮南子》　上际九天，下契黄垆。

亥市　《成都志》　蜀人多取亥日为市，谓之亥市。

丁沽　《长安客话》　丁字沽、西沽、直沽并禹迹疏导之处。

地肺　《三秦记》　终南山名曰地肺。

天脐　《河图括地象》　河有九曲，至砥石入于海，为天脐。

牝壑　殷仲文诗：哀壑叩虚牝。

雌溪　《老子》　知其雄，守其雌，为天下溪。

丙穴　《蜀都赋》　嘉鱼出于丙穴，良木攒于褒谷。

丁溪　《泉州志》　德化县有丁溪，俗云水画丁罗簪缨。

不夜　《齐地记》　古有日夜出，见于东莱，故莱子立此城，以不夜为名。

无雷　庾信《赋》　南通向口之名，东被无雷之国。

雁塞　《梁州记》　梁州县界有雁塞山，群燕栖集，名雁塞。

龙堆　《元史》　雁海龙堆，天所以纪夷夏也。

震泽　《书》　震泽底定。《传》　震泽，吴南太湖也。

离堆　《四川志》　小离堆在长宁县。

饭颗　李白诗：饭颗山头逢杜甫。

米堆　《吴县志》　元墓山东有米堆山。

禹甸　《诗》　信彼南山，维禹甸之。

春台　《老子》　众人熙熙，如登春台。

鲛客　殷文圭诗：朱门泣别同鲛客，紫塞旅游随雁臣。

雁臣　《北史》　魏以北方酋长侍子畏暑，听秋朝春还，时谓雁臣。

水伯　《山海经》　朝阳之谷，神曰天吴，是为水伯。

波臣　《庄子》　周顾视车辙，有鲋鱼焉，对曰：我，东海之波臣也。

龙伯 《列子》 龙伯之国有大人,一钓而连六鳌。

马人 《唐书·南蛮传》 马援还,留不去者,皆姓马,故号马留人。

马颊 《尔雅》 九河马颊。

龙鳞 潘岳诗:滥泉龙鳞澜。

丹野 《幽明录》 南为丹野。

朱垠 班固《东都赋》 南耀朱垠。

龙户 韩愈诗:衙时龙户集,上日马人来。

鹤民 《穷神秘苑》 鹤民国人长三寸。

江齿 《地道通释》 淮南者,国之唇;江南者,国之齿,

淮唇 见上。

栗里 《南史》 陶潜尝往庐山,故人庞通之赍酒具于半道栗里要之。

桃源 陶潜有《桃花源记》

帝子 王勃《九成宫颂》 川分帝子,控鲲壑而疏源;岳动天孙,拥熊山而列镇。

天孙 《博物志》 泰山一曰天孙,言为天帝孙也。

客主 《岳阳风土记》 客山高,主山隐伏,不甚利土人,而侨居多兴。

儿孙 杜甫诗:西岳峻嶒竦处尊,诸峰罗立似儿孙。

黑子　庾信《赋》:地惟黑子。

乌孙　石崇《王明君词序》　昔公主嫁乌孙,令琵琶马上作乐,以慰其道路之思。

鼋窟　杜甫诗:江光隐现鼋鼍窟。

龙门　《书》　导河积石,至于龙门。

鸡塞　南唐中宗词:细雨梦回鸡塞远。

雁门　《汉书》　雁门郡属并州。

挑菜渚　苏轼诗:水生挑菜渚,烟湿落梅村。

浣花村　杜甫诗:奉乞桃栽一百根,春前为送浣花村。

桃叶渡　《古乐府》注:王献之爱妾名桃叶,尝渡此,献之作歌送之。

杏花村　苏轼诗:我是朱陈旧使君,劝农曾入杏花村。

习坎　《易》　习坎,有孚。注:坎,险陷之名也。习,谓便习之。

纯坤　独孤及《记》　当纯坤用事。

虎踞　《江乘地记》　秣陵地形,钟山龙蟠,石城虎踞,真帝王所都也。

龙蟠　见上。

柳塞　王融诗:枝分柳塞北,叶暗榆关东。

榆关　见上。

三千界　李远诗:窗中遥指三千界,枕上斜看百二关。

百二关　见上。

佛髻　魏搏霄诗:佛髻滴滴染湿翠。

仙鬟　宋濂《画山水图歌》　白台为我梳仙鬟。

妻泽　《后汉书》　昆山象夫,卑泽象妻。注:艮为山,夫象也;兑为泽,妻象也。

夫山　见上。

申浦　《一统志》　申浦在江阴县西,春申君开浦置田为屯。

酉山　《郡国志》　小酉山在辰州府,穴中有书千卷,秦人避地于此,与大酉山相连,故曰二酉。

客水　《宋史·河渠志》　非时暴涨,谓之客水。

童山　《潜确类书》　童土,不毛之土,犹童山也。

亥谷　杨允符诗:红分亥谷花,绿暗子城柳。

辛田　高翥诗:饭香休忆辛田米。

桂海　江淹诗:文轸薄桂海。注:南海有桂,故曰桂海。

桑田　《神仙传》　麻姑曰:见东海三为桑田。

蠡酌　庾信《赋序》　以蠡酌海。

禽填　朱弁诗:痴迷竟作禽填海。

坎水　《易》　坎为水。

蒙泉　《易》　山下出泉,蒙。

鲸浪　陆游诗：鲸浪浮天信所之。

鸡潮　《袖中记》　移风县有雄鸡鸣长旦，每潮至则鸣，故呼为鸡潮。

洞口　庾信《赋》　横洞口而欹卧，顿山腰而半折。

山腰　见上。

燕尾　夏疏诗：山势峰腰断，溪流燕尾分。

蜂腰　见上。

绿野　谢灵运诗：春晚绿野秀。

青郊　马怀素诗：青郊迎气肇初阳。

鸿浪　骆宾王《启》　望鸿浪之微沾。

鹭涛　骆宾王诗：鹭涛开碧海。

御骥　孙楚诗：御天惟龙，御地以骥。

断鳌　《列子》　女娲氏断鳌足以立四极。

穷发　《晋书》　穷发反景，承受正朔。○穷发，不毛之地。

不毛　诸葛亮《前出师表》　五月渡泸，深入不毛。

鸡泽　《左传》　同盟于鸡泽。

虎牢　《左传》　戍郑虎牢。

葱岭　《汉书·西域传》　限以葱岭。

瓠河　《水经》　河水又东过濮阳县北，瓠子河出焉。

石母　《太平寰宇记》　石母山在云南蒙化

府南。

溪哥　《地理志》　积石郡木溪哥城。

波母　《淮南子》　八纮之外，乃有八极。东南方曰波母之山，曰阳门。

浪婆　孟郊诗：依是踏浪儿，饮则拜浪婆。

瓜蔓　《水衡记》　黄河十二月各有水名。三月桃花水，五月瓜蔓水。

桃花　见上。

雁翅　郑侠诗：雁翅人家千巷陌。

犬牙　《汉书》　犬牙相制。注：言地形如犬牙之交相入也。

熊耳　庾信诗：羊肠连九坂，熊耳对双峰。

虎牙　《水经注》　华不注山，虎牙桀立。

姑浦　张舍诗：柳摇姑浦绿，花入婿乡红。

婿乡　见上。

河伯　《史记》注：河伯姓吕，名公子。河伯，字也。

谷王　《老子》　江海所以能为百谷王者，以其善下之。

王屋　《书》　大行王屋。

女床　《山海经》　女床之山有鸟焉，名曰鸾鸟，见则天下安宁。

马耳　苏轼《雪后书壁》诗：试扫北台看马耳，未随埋没有双尖。○马耳，山名。

羊肠　见前“熊耳”注。

竹箭　《慎子》　西河下龙门,其流驶竹箭。

苇航　魏文帝诗:谁云河水广,一苇便可航。

驱骥　《墨子》　我将上大行,驾骥与羊,我将谁驱?耕柱子曰:将驱骥也。

祈羊　《管子》　山高而不倾,则祈羊至矣,注:烹羊以祭。

射虎　《西京杂记》　李广猎于冥山之阳,见卧虎,射之,没矢饮羽。进而视之,乃石也。

叱羊　《神仙传》　黄初平牧羊,有道士将至金华山,其兄寻索,问羊何在?初平叱曰:羊起。于是白石变为羊数百头。

鱼复　《后汉书》　诸葛亮作八阵图。又《困学纪闻》:图之可见者三,一在鱼复。

马当　李白诗:牛渚由来险马当。

竖亥　《淮南子》　禹使大章步,自东极至于西极,使竖亥步,自北极至于南极。

夷庚　《左传》　披其地以塞夷庚。注:夷庚,吴晋往来之要道也。

午午　梅尧臣诗:云中峰午午。○午午,杂沓也。

庚庚　倪瓒诗:苍石庚庚横玉理。○庚庚,横貌。

黍谷　刘向《别录》　燕有谷,寒不生五谷。邹衍吹律，而温气至生黍，今谓之黍谷。

谷城　《汉书》　孺子见我济北，谷城山下黄石即我矣。

榆塞　《汉书》　树榆为塞。

柳城　《魏志》　出庐龙塞，直指柳城。

马邑　梁简文帝诗：月晕抱龙城，星流照马邑。

龙城　见上。

鸭绿　陆游诗：瓦屋螺青披雾出，锦江鸭绿抱山来。

螺青　见上。

官绿　陆游诗：风来弱柳摇官绿，云破奇峰涌帝青。

帝青　见上。

僧眼碧　林逋诗：春水净于僧眼碧，晚山浓似佛头青。

佛头青　见上。

延鹭堠　《升庵外集》　余纪行诗：山遮延鹭堠，江绕画乌亭。上句用元魏改官制，以候望官为白鹭。其时亭堠多刻鹭像。下句用汉明帝巡狩，过亭障有乌鸣，亭长引弓射中之。帝令天下亭障皆画乌焉。

画乌亭　见上。

二酉　见前“酉山”注。

五丁　《蜀王本纪》　五丁力士能移山。又何逊《七召》　蜀地五丁，齐都二子。

鳀人　《汉书》　会稽海外有东鳀人。

鹏溟　《庄子》　鹏将徙于南溟，击水三千里。

牝谷　《家语》　丘陵为牡，川谷为牝。

牡陵　见上。

牝马　《易》　牝马地类，行地无疆。

母牛　《易》　坤为子母牛。

白马　薛道衡诗：征途非白马，水势类黄牛。

黄牛　杜甫诗：黄牛峡静滩声转，白马江寒树影稀。

剑阁　姚合诗：东川横剑阁，南斗近刀州。

刀州　《晋书》　王濬夜梦悬三刀于屋梁上，又益一刀。李毅贺曰：明府其临益州乎？

花县　刘长卿诗：花县弹琴暇。

柳州　柳宗元诗：柳州柳刺史，种柳柳江边。

幼海　《山海经》　南望幼海。注：少海也。

祖洲　《十洲记》　祖洲东海中，地方五百里，上有不死草。

鸬鹚堰　《可谈》　吴处厚知汉阳军，纲吏来告覆舟在鸬鹚堰，曰：吾为鹦鹉洲寻一对，不得，天俾汝也。

鹦鹉洲　见上。

红叶渡　罗邺诗：落帆红叶渡。

白苹洲　许浑诗：白苹洲上一花开。

海伯　谭子《化书》　海伯亡，鱼不出于海。

阳侯　《战国策》　塞漏舟，而轻阳侯之波。

鲛馆　郭璞《江赋》　渊客筑室于岩底，鲛人构馆于悬流。

蜃楼　《史记》　海旁蜃气象楼台。

螺髻　苏轼诗：乱峰螺髻出。

鸭头　李白诗：遥看汉水鸭头绿。

楚尾　朱子诗：雪拥山腰渡口，春回楚尾吴头。

吴头　见上。

鳀渚　张融《海赋》　照天容于鳀渚，镜河色于鲨浔。

鲨浔　见上。

鹿塞　薛道衡诗：连旗下鹿塞，叠鼓向龙庭。

鸡林　刘禹锡诗：口传天语到鸡林。

鲽水　周世宗《表》　鲽水鹣林，望尧云而献祝，柏圭谷璧，驱禹会以骏奔。

鹣林　见上。

岸腹　唐太宗《赋》　涌菱花于岸腹，擘莲影于波心。

波心　见上。

涧口　綦毋潜诗：松门当涧口，石路在峰心。

峰心　见上。

青萝带　韩愈《送桂州严大夫》诗：水作青萝带，山如碧玉篸。

碧玉篸 见上。

蚁穴 《说苑》 江河大溃从蚁穴。

牛涔 《淮南子》 牛蹄之涔,无尺之鲤。

直北 杜甫诗:愁看直北是长安。

终南 《释文》 终南山一名太一山。

习坎 《易》 习坎有孚。

流谦 《易》 地道变盈而流谦。注:丘陵川谷之属,高者渐下,下者益高,是改变盈者,流布谦者也。

卷三　人部

帝王

壤叟　《帝王世纪》　帝尧之世，有八九十老人，击壤而歌。

辕童　《说苑纪闻》　崔骃云：唐虞之世，樵夫、牧竖，击辕中韶，感于和也。宋景文云：壤翁辕童，本于崔班。

川至　《诗》　如川之方至。

岳崇　陆云诗：天锡难老，如岳之崇。

黄屋　范蔚宗诗：黄屋非尧心。注：天子车以黄缯为里。

元宫　王勃文：元宫密运，敷造化于灵襟。

七月　《诗注》　七月之诗，周公陈后稷先公风化之所由。

三风　《书》　惟兹三风十愆。

沐雨　《淮南子》　禹沐甚雨，栉疾风。

栉风　见上。

君鹄　《礼记》　为人君者以为君鹄。

帝鸿　《史记索隐》　黄帝号有熊，亦号帝鸿氏。

缘鹄　屈原《天问》　缘鹄饰玉，后帝是飨。注：伊尹始仕，因缘烹鹄鸟之羹以事于汤。

抑鸿　《荀子》　禹有功，抑下鸿。○鸿、洪同，谓抑洪水也。

八骏　《拾遗记》　穆王巡行天下，驭八龙之骏。

六龙　《易》　时乘六龙以御天。

九骏　《困学纪闻》　舜驾五龙以腾唐衢，武服九骏以驰文涂，谓五臣、九臣。

五龙　见上。

梓诰　《书传》　梓材，武王诰康叔之书。

桐封　《史记》　成王戏削桐叶为珪，以与叔虞，曰：以此封汝。

福草　《瑞应图》　王者有德则福草生。

佞枝　王融《序》：佞枝植，历草孳。

巽令　《宋史》　佑我皇家，巽令风行。

丰施　颜延之文：仰阅丰施，降惟微物。

丙御　《淮南子》　冯夷、大丙之御也。注：冯夷、大丙，二人名。

丁期　蔡邕《表》：陛下应天淑灵，丁期中兴。○丁，当也。

泰宇　《韵府对语》

乾基　《晋书》　阐崇乾基。

松栎　《符子》　尧曰：余坐华殿之上，森然而松生于栎；余立棂扉之内，霏焉而云生于牖。

茅茨　《墨子》　尧土阶三等，茅茨不翦。

燕誉　《诗》　式燕且誉。

鸿私　唐章怀太子《表》：伏乞俯从微愿，特降鸿私。

虎拜　《诗》　虎拜稽首。注：召虎既受命，即拜而稽首。

龙飞　《易》　飞龙在天。

甲令　《汉书》　著于甲令。

寅威　宋《郊祀歌》　寅威宝命。

赤雀　《史记》注：赤爵衔丹书入于酆，止于昌户。○爵同雀。

白鱼　《史记》　武王渡河，白鱼跃入王舟。

龙陛　《宋史》　鹤书搜隐逸，龙陛策贤良。

鹤书　见上。

绿字　《晋书》　大禹观于浊河，而受绿字。

丹书　《竹书纪年》　周武王受丹书于吕尚。

乙夜　《海录碎事》　唐太宗曰：若不申夜观事，乙夜观书，何以为人君。

辰居　《论语》　譬如北辰，居其所，而众星拱之。

蚁慕　《庄子》　羊肉不慕蚁，蚁慕羊肉，膻也。舜有膻行，百姓悦之。

鹑居　李峤文：闾阎无犬吠之惊，风俗有鹑居之暇。

采菲　《左传》　采葑采菲，无以下体，君取节焉，可也。

询刍　《诗》　询于刍荛。注：有疑事当与薪采者谋之。

九有　《诗》　奄有九有。

三无　《礼记》　奉三无私以劳天下。

禹甸　《诗》　维禹甸之。

尧衢　施肩吾《赋》　望尧衢而感惠。

巽命　《易》　随风巽，君子以申命行事。

乾符　班固《东都赋》　圣皇乃握乾符，阐坤珍。

鸿范　《汉书》　鸿范八政。○鸿洪同。

马图　孔安国云：河图者，伏羲氏王天下，龙马出河，遂则其文以画八卦。

芝玺　徐彦伯《册文》　萝图已御，芝玺仍传。

萝图　《淮南子》　援绝瑞，席萝图。注：罗列图籍以为席褥。○指黄帝治天下言。

凤篆　唐太宗诗：玉匣启龙图，金绳披凤篆。

龙图　见上。

华祝　《庄子》　尧观乎华，华封人曰：请祝圣人，使圣人富、寿、多男子。

嵩呼　《汉书》　武帝至于中岳，亲登嵩高，吏卒闻呼万岁者三。

甲观　《汉书》　孝成皇帝,元帝太子也。元帝在太子宫,生甲观画堂。

卯阶　卢元辅文:鸡林扶桑,交臂于卯阶之下。

却马　《汉书》　孝文皇帝时,有献千里马者,诏曰:朕不受献也。

式蛙　《吴越春秋》　越王伐吴,道见蛙张腹而怒,即为之式。曰:蛙见敌而有怒气。

烟阁　《唐书》　太宗贞观十七年,图功臣于凌烟阁。

露台　《史记》　孝文尝欲作露台,计直百金,上曰:何以台为?

典午　《蜀志》　典午忽兮,月西没兮。典午者,谓司马也。

封辛　《路史》　喾年十五而佐高阳氏受封于辛,为侯国。

当午　韩愈诗:帝车回来,日正当午。

拱辰　见前"辰居"注。

癸甲　《书》　辛壬癸甲,启呱呱而泣。

庚辰　《古岳渎经》　禹治水获淮涡水神,名曰无支祁,乃命庚辰治之。

日午　《宋史》　日王于午,火明于南。乘火德之运,当丰大之时。

天申　《诗》　自天申之。

鼎实　潘岳《郑袤碑》　陈谟台阶,翼和鼎实。

坤珍　见前“乾符”注。

凤藻　李中诗:人间传凤藻,天上演龙纶。

龙纶　见上。

桂馆　《汉书》　上令作飞帘桂馆。

枫宸　李东阳诗:早闻长策动枫宸。

坤典　《蜀志》　自我大汉,俯宪坤典,仰式乾文。

乾文　见上。

就日　《史记》　帝尧者,就之如日,望之如云。

望云　见上。

燕喜　《诗》　鲁侯燕喜。

鸿恩　《吴越春秋》　蒙大王鸿恩,君臣相保。

汤网　《史记》　汤出,见张网四面,汤乃去其三面,祝曰:不用命乃入吾网。

舜干　《书》　帝乃诞敷文德,舞干羽于两阶。

日角　《后汉书》　光武美须眉,大口,隆准,日角。注:谓庭中骨起如日。

天颜　杜甫诗:天颜有喜近臣知。

二八　《海录碎事》　二八升而唐尧盛,谓十六相。

三千　《书》　受有臣亿万,惟亿万心,予有臣三千,惟一心。

兄日　《春秋感精符》　人主父天母地,兄日姊月。

父天　见上。

桑土　《书》　桑土既蚕。

葛天　陶潜《五柳先生传》　无怀氏之民欤？葛天氏之民欤？

黄序　王融文：五正置于朱宣，九工开于黄序。注：五雉为工正，朱宣，少昊氏。舜命九官。舜改正朔，以土承火，色尚黄。

朱宣　见上。

离照　《易》　离照，天下也。

乾旋　真德秀《表》　乾旋坤转。

白琯　《大戴礼记》　虞舜以天德嗣尧，西王母来献其白琯。注：琯，所以候气者。

赭鞭　《史记》　帝作蜡祭，以赭鞭鞭草木。○帝，神农也，以赤鞭鞭打草木，使萌动也。

交泰　《易》　天地交泰。

体乾　《隋书》　体乾作贰。

出震　《旧唐书》　出震乘乾，立极开统。

乘乾　见上。

鸣凤　《宋书》　鸣凤表垂衣之化，翔鷞征解网之仁。

翔鷞　见上。

南雉　《通鉴》　成王时，越裳氏来献白雉。

〇越裳，南方之国。

西獒　《书》　西旅底贡厥獒。

汉网　独孤及《表》　疏汉网而远无不宾，祝汤罗而下无犯顺。

般罗　江总文：般罗自解。

燕誉　《诗》　燕笑语兮，是以有誉处兮。

龙光　《诗》　为龙为光。

凤诺　《野客丛书》　晋帝批奏书，诺字之尾如凤尾之形，故谓之凤尾诺。

龙章　窦臮《赋》　龙章凤篆，宠锡儒门。

金镜　刘峻《广绝交论》　圣人握金镜。

珠囊　《洛阳伽蓝记》　珠囊纪庆，玉烛调辰。

杕杜　杜甫诗：赏应歌杕杜。

苞桑　《易》　系于苞桑。

巽顺　《易》　柔以时升，巽而顺。

乾刚　《易》　乾刚坤柔。

牧马　元稹诗：始效归牧马，公法付神羊。〇详后害马。

神羊　《后汉书》　獬豸神羊，能别曲直，楚王尝获之，故以为冠。

害马　《庄子》　黄帝遇牧马童子，请问为天下。曰：夫为天下者，奚异乎牧马？亦去其害马者而已矣。

饮羊　《家语》　孔子之为政也，沈犹氏不敢朝，饮其羊。

斟雉　屈原《天问》　彭铿斟雉帝何飨。○彭祖进雉羹于尧，食之以寿考。

敬羊　《论衡》　天生一角神兽，助狱为验，故皋陶敬羊，起坐事之。

宸纬　江淹《表》　宸纬严秘，襟悰徒悬。

乾纲　《晋书》　圣人之临天下也，祖乾纲以流化。

大丙　见前“丙御”注。

由庚　《诗序》　由庚，万物得由其道也。

井养　《易》　井养而不穷也。

鼎亨　《易》　鼎，象也，大亨以养圣贤。

天母　陆畅《诏作催妆》诗：天母亲调粉，日兄怜赐花。

日兄　见上。

肺石　《周礼》　以肺石达穷民。

心旌　《战国策》　心摇摇如悬旌。又欧阳詹《赋》　服惟身表，容实心旌。

鱼藻　孙觌文：加贲鹿苹之飨，辅成鱼藻之欢。

鹿苹　见上。

厨萐　《宋书》　萐莆，一名倚扇，转而成风杀蝇，尧时生于厨。

阶蓂　《宋书》　尧在帝位，有草夹阶而生，月朔始生一荚。十六日后，日落一荚，名曰蓂荚。

虎变　《易》　大人虎变，未占有孚。

龙兴　班固《西都赋》　周以龙兴。

百获　《管子》　一树百获者，人也。

三登　《汉书》　再登曰平，余六年食，三登曰泰平。

乾健　《易》　乾健也。

豫游　《孟子》　一游一豫。

象载　《汉书》　象载瑜。注：瑜，美玉。

鸿畴　韩愈诗：复闻颠夭辈，峨冠进鸿畴。

玉烛　见"天部·玉烛"注。

金瓯　《南史》　武帝言：我国家犹若金瓯，无一伤缺。

象阙　陆倕《石阙铭》　象阙之制，其来已远。

龙楼　方干诗：早赴急征来凤沼，常陪内宴醉龙楼。

雉尾　杜甫诗：云移雉尾开宫扇。

螭头　《唐书》　起居舍人入殿，值第二螭首，时号螭头。

龙首　《六韬》　王者之道如龙首。

鳌头　姚合诗：蓬莱宫殿压鳌头。

碎虎魄　《南史·宋武帝纪》　宁州献琥珀枕，时将北伐，以琥珀疗金创，上命碎之，分赐诸臣。○琥珀通作虎魄。

焚雉头　《晋书·武帝纪》　程据献雉头裘，帝以为异服，焚之于殿前。

辰告　《诗》　讦谟定命，远犹辰告。

子临　《战国策》　子临百姓。

号汗　《易》　涣汗其大号。涣王居，无咎。

惠心　《易》　有孚，惠心。

鼎耳　《易》　鼎黄耳。

革心　《魏书》　木石革心。

西琯　李商隐《赛舜庙文》　罢奏南琴，停吹西琯。

南琴　见上。

投北　《诗》　投畀有北。

指南　《旧唐书》　皇帝陛下崇正若指南。

用九　《易》　乾元用九，天下治也。

登三　《史记》　上咸五，下登三。

辟四　《书》　辟四门。

开三　见前“汤网”注。

九九　《汉书》　齐桓公之时，有以九九见者，桓公不逆，欲以致大也。注：算术。

三三　《史记》　周公曰：我一沐三握发，一饭三吐哺，起以待士。〇《经映集》　吐握勤姬旦之三三，庭燎见齐桓之九九。

得一　《老子》　侯王得一以为天下贞。

通三　《春秋繁露·王道通三》篇：古之造文

者，三画而连其中，谓之王。

听五　《鬻子》　禹治天下，以五声听，门悬钟鼓铎磬而置鞀，以待四海之士。

宥三　苏轼《论》　皋陶曰杀之三，尧曰宥之三。

东鲽　上官仪：江茅鄗黍，岁时鳞萃，东鲽西鹣，日月波属。

西鹣　见上。

卷四　人部

仕宦

已志　《诗豳谱》　周公无以发明己志，故作七月之诗。

寅衷　《书》　同寅协恭，和衷哉！

厥象　《书》　乃审厥象，俾以形旁求于天下。

非熊　《史记》　西伯猎卜，曰所获非熊非罴。

冬日　《左传》　赵衰，冬日之日也。

春风　《说苑》　管仲曰：吾不能以春风风人，吾不能以夏雨雨人，吾穷必矣。

灵雨　柳宗元诗：惠风仍偃草，灵雨会随车，○用郑宏行春致雨事。

大风　《帝王世纪》　黄帝梦大风吹垢，寤曰：岂有姓风名后者哉！于是得风后以为相。

水部　《南史》　何逊兼尚书水部郎。○韦雄诗：才子旧称何水部。

山公　《晋书》　山涛甄拔人物，各为题目，时称山公启事。

六燕　陆佃《谢吏部尚书启》　六燕相停，试权衡其轻重;一鸿辽远,欲审别其飞翔。〇《九章算术》 五雀六燕飞集于衡,衡适乎?

一鸿 见上。〇张融曰:鸿飞天首,楚人以为凫,越人以为鸿。

随鹤 《宋史》 赵抃匹马入蜀,以一琴一鹤自随。

避骢 《后汉书》 桓典为侍御史,常乘骢马。语曰:行行且止,避避骢马御史。

小草 《世说》 谢公始有东山之志,后就桓公司马时,有饷桓公药草远志。公问:此物又名小草?郝隆曰:处为远志,出为小草。谢有愧色。

飞蓬 《管子》 飞蓬之闻,不在所宾。

风虎 《易》 云从龙,风从虎。

云龙 见上。

鸣凤 《唐书》 李善感上疏极言,时人谓为凤鸣朝阳。

卧龙 《蜀志》 徐庶曰:诸葛孔明,卧龙也。

月省 《书》 王省惟岁,卿士惟月。

雷封 《六帖》 雷震百里,故县令称雷封。

画一 《史记》 萧何为法,讲若画一,曹参代之,守而勿失。载其清净,民以宁一。

无双 《史记》 萧何曰:至如信者,国士无双。

第一　《汉书》　吴公为河南守，治为天下第一。

无双　《吴录》　王镡为武城令，民歌之曰：三仲容，世无双。

心镜　《庄子》　至人之用心若镜。

口碑　杜荀鹤诗：惟凭野老口，不立政声碑。

召父杜母　《后汉书》　杜诗为南阳太守，谚曰：前有召父，后有杜母。○召父，召信臣。

贾男薛儿　《后汉书》　贾彪补新息长，民贫多不养子。彪严其制，养子数千。男名贾男，女名贾女。又《记事珠》　薛逢为巴州刺史，人歌曰：有孩有童，愿以名垂。何以字之，薛孙薛儿。

鸾掖　李商隐诗：看封谏草归鸾掖。

凤池　《晋书》　荀勖自中书除尚书令，人贺之。勖曰：夺我凤凰池，君何贺耶？

风后　见前“大风”注。

云师　《左传》　黄帝氏以云纪，故为云师而云名。

骏烈　陆机《文赋》　咏世德之骏烈，诵先人之清芬。

鸿规　陆倕《石阙铭》　鸿规盛烈。

置薤　《后汉书》　庞参为汉阳太守，郡人任棠有奇节，参候之。棠以薤一本，水一盂，置户前。棠曰:拔大本薤者,欲吾击强宗。

拔葵　《史记》　公仪子为鲁相,拔其园葵而弃之。

三戟　《唐书·崔琳传》　世号三戟崔家。

一麾　颜延之诗:一麾乃出守。

红药　谢朓《直中书省》诗:红药当阶翻。

紫微　白居易诗:紫薇花对紫微郎。

龙性　颜延之诗:鸾翮有时锻,龙性谁能驯。

虎威　《酉阳杂俎》　虎威如乙字,佩之临官,则能威众。

瘞鹿　《唐书》　裴宽为渊州参军,于后圃瘞鹿,曰宽不以苞苴污家。

悬鱼　《后汉书》　羊续拜南阳太守,府丞尝献生鱼,续受而悬于庭。

蛇足　韩偓诗:谋身拙为安蛇足,报国危曾捋虎须。

虎须　见上。

五马　《遯斋闲览》　汉时朝臣出使为太守,增一马,故曰五马。

双凫　《后汉书》　王乔为叶令,每月朔望来朝,太史言其临至有双凫,举网张之,得双舃。

萧雉　《孝子传》　萧芝至孝,除尚书郎,有雉数十头,当上直送至岐路,下直入门,飞鸣车侧。杜甫诗:王凫聊暂出,萧雉且相巡。

王凫 见上"双凫"注。

留犊 《魏志》 时苗为寿春令,用黄牸牵车。岁余生犊,去任留犊。曰:是淮土所生也。

捐驹 王隐《晋书》 王逊为上洛太守,有私马生驹,悉以付郡。

霹雳 《旧唐书》 裴琰之为同州司户参军,号为霹雳。

霆雷 《诗》 如霆如雷。

八座 《后汉书》 六曹尚书并令仆二人为八座。

三台 《初学记》 尚书为中台,谒者为外台,御史为宪台,谓之三台。

鸾局 《唐中宗制》 宜分务于鸾局,俾效能于乌署。

乌台 宋邕《赋》 龙阙分官,乌台肃政。

小戊子 《家轩杂录》 程文惠公与庞公同戊子年生,程已贵,戏庞曰:君乃小戊子。后庞大拜,文惠曰:大戊子却为小戊子矣。

雌甲辰 《东轩笔录》 裴晋公与郎中庾威同生于甲辰,裴尝戏威曰:郎中乃雌甲辰。

凫氏　《周礼》　凫氏为钟。

鸡人　《周礼》　鸡人夜呼，旦以嘂百官。

龙图学士　《宋史》　包拯除龙图阁学士，立朝刚毅。

凤阁舍人　《唐书》　王徽曾祖择从，兄弟皆擢进士第，至凤阁舍人者三。

皂雕御史　《旧唐书》　王志愔除左台御史时，人呼为皂雕。

白马将军　《魏志》　庞德常乘白马，时谓之白马将军。

赤牛中尉　《北史》　王仲景兼御史中尉，京师肃然，恒驾赤牛，时号为赤牛中尉。

白马光勋　《后汉书》　张湛拜光禄勋，常乘白马。帝见湛，辄言曰：白马生且复谏矣。

玉署　《石林燕语》　苏易简为学士，上曰：玉堂之设，虚传其说。乃以飞白玉堂之署四字赐之。

金门　扬雄《解嘲》　今吾子幸得应金门，上玉堂有日矣。

东阁　《汉书》　公孙宏开东阁，以延贤人。

北门　《唐书》　武后讽帝召诸儒论撰禁中疑议，所谓北门学士。

熊轼　《后汉书》　公、列侯安车，倚鹿较，伏熊轼。

豸冠　岑参《送韦侍御》诗:应须拂豸冠。

展骥　《蜀志》　庞士元非百里才也,使处治中别驾,始当展其骥足耳。

栖鸾　《后汉书·仇香传》　积棘非鸾凤所栖,百里岂大贤之路?

玉笋　《唐书》　蒋凝美丰姿,朝士中号玉笋班。

金莲　《唐书》　令狐绹为翰林承旨,夜对禁中,帝以乘舆金莲华炬送还。

仗马　《唐书》　李林甫居相,谏官无敢正言。杜琎曰:君独不见立仗马乎?终日无声而食三品。一鸣则斥之矣。

寒蝉　《后汉书》　刘胜位为大夫,而知善不荐,闻恶无言,自同寒蝉。

苇杖　沈约《碑》　南阳苇杖,未足比其仁。

蒲鞭　《后汉书》　刘宽典历三郡,吏人有过,但用蒲鞭罚之,示辱而已。

百甓　《晋书》　陶侃在州无事,朝运百甓于斋外,暮运于斋内,曰:过尔优逸,恐不堪事。

八砖　《翰林志》　北厅前阶有花砖道,日及五砖,为入直之候,李程性懒,恒过八砖,众呼为八砖学士。

强项　《后汉书》　董宣为洛阳令,帝使强项令出。○强去声。

折腰　《晋书》　陶潜为彭泽令，叹曰：吾不能为五斗米折腰，事乡里小人。

司李　《管子》　皋陶为司李。○理刑官亦称司子。

种桃　《群芳谱》　潘岳为河阳令，栽桃李，号河阳满县花。

抽草　《北梦琐言》　梦掌中抽草，占者曰：君必迁翰林学士。果然。

把麻　《唐六典》　通事舍人宣诏，多不知书，辄失句读，故用拾遗圈句低声以助之，谓之把麻。

白简　《晋书》　傅休奕每有奏劾，或值日暮，捧白简，坐而待旦。

黄麻　《翰林志》　唐中书用黄白二麻为纶命。其后翰林专掌白麻，中书独用黄麻。

谏草　杜甫诗：避人焚谏草。

判花　《翰林新书》　红药翻阶，风动判花之笔。唐故事：有军国政事，中书舍人各执所见，杂书其名，谓之五花判事。

视草　《梦溪笔谈》　翰林故事：堂中设视草台，每草制，则具衣冠据台而坐。

簪花　杨允孚诗：丞相簪花御苑回。

眼赤　《东轩笔录》　学士以上，有一朱衣吏引马，所服带用黄金，馆阁望为学士者，赋诗云：眼里何时赤？腰间甚日黄。

腰黄　见上。

铁面　《宋史》　赵抃为侍御史，不避权倖，京师目为铁面御史。

石肠　皮日休《序》　宋广平刚态毅状，疑其铁心石肠。

鹄立　苏轼诗：侍臣鹄立通明殿。

鸳行　韦庄诗：势将随鹤立，忽喜遇鸳行。

苦李　《晋书》　王戎曰：树在道边而多子，必苦李也。取之信然。

甘棠　《诗》　蔽芾甘棠。

斋马　《旧唐书》　冯元淑历浚仪、始平二县令，所乘马，午后不与刍，云令其作斋。

瘦羊　《后汉书·甄宇传》注：每腊赐博士一羊，宇先自取其最瘦者，后召问瘦羊博士。

星使　高适诗：月卿临幕府，星使出词曹。

月卿　见上。

子惠　《书》　子惠困穷。

寅清　《书》　夙夜惟寅，直哉惟清。

柏署　《通典》　御史府中列柏树。○王昌龄诗：柏署起三载。

槐厅　《续翰林志》　学士院第三厅有一巨槐，素号槐厅。居此阁者，往往入相。

霜署　苏味道《和诸侍御诗》　薄游忝霜署。

水厅　欧阳修诗：独有水厅梦帝关。○宋人呼祠部为水厅。水去声。

喉舌　《诗》　出纳王命,王之喉舌。

股肱　《书》　元首明哉!股肱良哉!庶事康哉!

心腹　谢承《后汉书》　韩崇迁汝南太守,敕曰:汝南朕之心腹,任次京师。

股肱　《史记》　季布为河东守,孝文召至曰:河东吾股肱郡,故特召君耳。

数马　《汉书》　石庆为太仆,上问车中几马,庆以策数马,举手对曰:六马。

问牛　《汉书》　丙吉逢人逐牛,牛喘,使骑吏问。吉曰:三公调和阴阳,是以问之。

竹马　《后汉书》　郭伋拜并州牧,行部西河,数百小儿各骑竹马逢迎。

木牛　《蜀志》　诸葛亮长于巧思,木牛流马皆出其意。

九扈　《左传》　我高祖少昊之立也,九扈为九农正。

五鸠　《左传》　五鸠,鸠民者也。

鹤相　《东轩笔录》　丁晋公人以其为令威之裔,呼为鹤相。

虎侯　《魏志》　许褚力如虎而痴,号曰虎痴,是以超问虎侯。

黄发　《书》　尚猷询兹黄发。

黑头　《晋书·诸葛恢传》　庾亮曰:明府当作

黑头三公。又庾亮谓王掾当作黑头公。

狗尾　《晋书》　每朝会，貂蝉盈座，时人为之谚曰：貂不足，狗尾续。

羊头　《后汉书》　其所授官爵，或有膳夫、庖人。语曰，烂羊头，关内侯。

马革　《后汉书》　马援请击匈奴，曰：男儿当以马革裹尸还葬耳。

鱼头　《宋史》　鲁宗道目为鱼头参政，因其姓，且言骨鲠如鱼头也。

鸡树　《云仙杂记》　杜景俭时号鹤鸣鸡树。○鸡树，中书省中树也。

凤林　赵至《与嵇茂齐书》　俯据潜龙之渊，仰荫游凤之林。

赵日　苏轼《喜雨诗》　久苦赵盾日，欣逢傅说霖。

商霖　贡师泰诗：幡然起作商家霖。

松腹　《江表传》　丁固梦松生腹上，占者曰：松为十八公，后十八年，君其为公乎！

葵心　陈高诗：葵心映太阳。

月品　王拱辰诗：既蒙月品定人物，不敢循避违风期。○月品，谓月旦品评也。

冰衔　《国老谈苑》　陈彭年在翰林，所兼十余职，皆清秘之目，时人谓其署衔为一条冰。

口敕　白居易诗：去年中使宣口敕。

头衔　陆游诗：头衔字字敌冰清。

卷五　人部

科名

虎榜　《唐书》　欧阳詹与韩愈等联第，皆天下选，时称龙虎榜。

蟾宫　李咸用诗：年年三十骑，飘入玉蟾宫。

藻鉴　《职官分纪》　贾竦典礼闱，所选士多至公卿，人服其藻鉴。

药笼　《唐书》　元行冲谏狄仁杰曰：脯醢以适口，参苓以攻疾，行冲请备药物之末。仁杰笑曰：吾药笼中物，何可一日无也？

曳白　《唐书》　以张奭为第一，奭本无学，议者嚣然，帝复试，奭持纸终日，人谓之曳白。

勒红　《梦溪笔谈》　欧公主试，有一举人论公以大朱笔横抹之，谓之红勒帛。

夏课　《国史补》　进士退而肄业，谓之过夏，执业以出，谓之夏课。

冬烘　《摭言》　郑薰谓颜标是鲁公后，以为状元。人嘲曰：主司头脑太冬烘，错认颜标作鲁公。

战蚁　《事文类聚》　未引试前唱酬诗极多，圣俞有万蚁战酣春昼永。

窥龙　王安石《夜读试卷》诗：蕉中得鹿初疑梦，牖下窥龙稍眩真。

白纻　王禹偁诗：利市襕衫抛白纻，风流名字写红笺。

朱衣　《侯鲭录》　欧阳修知贡举，每阅卷，坐后觉有一朱衣人点头，然后其文入格。

雁塔　《古今诗话》　唐韦肇及第，偶于慈恩雁塔题名，后人遂为故事。

鸿都　袁裒《联句》　行还雁塔题，复睹鸿都榜。

五老　《摭言》　曹松、王希羽、刘象、柯崇、郑希颜等及第，时为五老榜。

两孩　《摭言》　苗台符十六岁及第，张读十七岁及第，或曰：一双前进士，两个阿孩儿。

一甲　高启诗：蕊榜才名标一甲。

八辰　马臻诗：奏笺三癸客，簪律八辰门。

紫陌　《摭言》　唐进士会宴，曲江崔象乃载妓游观，录事判云：紫陌寻春，便隔同年之面；青云得路，可知异日之心。

青云　见上

槐市　《三辅黄图》　去城七里为槐市，诸生雍容揖让，论议槐下。

杏园　《秦中岁时记》　进士杏花园初会，谓之探花宴，以少俊二人为探花使。

蟾窟　《唐诗》　蟾窟香分第一枝。

龙门　《三秦记》　河津一名龙门，大鱼集龙门下，上则为龙。

鹊起　《隋书》　鸾翔凤跱，鹊起鸿骞。

鸿骞　见上。

芃棫　《玉梅》　薪有芃棫，河无伐檀。

伐檀　见上。

玉笋　《因话录》　李宗闵知贡举，门生多清秀俊茂，时谓之玉笋班。

金兰　《易》　二人同心，其利断金，同心之言，其臭如兰。

鹗荐　《翰苑新书》　鹗荐一飞。

鹏抟　《庄子》　鹏之徙于南冥也，水击三千里，抟扶摇而上者九万里。

抟九万　见上。

击三千　见上。

鲲化　《庄子》　北溟有鱼，其名为鲲，化而为鸟，其名为鹏。

莺迁　陈樵诗：几时嗟蠖屈，后日看莺迁。

千佛　《摭言》　张倬落第，捧登科记顶戴，曰：此千佛名经。

众仙　李商隐诗：空记大罗天上事，众仙同日咏霓裳。

白蜡　《朝野佥载》　张鷟号青钱学士，谓万选万中。时有董方，九举不第，号白蜡明经。

青钱　见上。

五色　苏轼诗：过眼空迷日五色。○指李程《日五色赋》。

三条　韦永贻诗：三条烛尽钟初动，九转丹虞鼎未开。

采菲　《诗》　采葑采菲，无以下体。德音莫违，及尔同死。

拔茅　《易》　拔茅茹以其汇。

丁第　《东都事略》　孙何殿试第一，丁谓第四，与何争，帝曰：甲乙丙丁，合居第四。

甲科　《汉书》　萧望之以射策甲科为郎。

砚草　王禹偁诗：请缨无壮志，砚草亦何为。

榜花　《南部新书》　礼部放榜，有姓氏稀僻者，号曰榜花。

拾芥　《汉书》　士明经术，取青紫如拾芥。

探花　见前“杏园”注。

染柳　《兰峰集》　李固言行古柳下，闻弹指声，曰：我柳神，九烈君已用柳汁染子衣矣，利第无疑。

簪花　《宋史》　司马光闻喜宴，独不戴花，同列曰：君赐不可违，乃簪花一枝。

琼树　苏轼诗：故人年少真琼树，落笔风生战堵墙。

金花　《太平清话》　新及第者，有金花榜，帖用涂金报喜。

折桂　《避暑录话》　世以登科为折桂，此谓郗诜对策，自云桂林一枝也。

穿杨　白居易《喜从弟及第》诗：桂折一枝先许我，杨穿三叶尽惊人。

鸿渐　《易》　鸿渐于逵。

鹿鸣　《唐类函》　选举申送之日，行乡饮酒礼，歌《鹿鸣》之诗。

雁路　王胄诗：云开雁路长。

鹏程　释道潜诗：看君高步蹑鹏程。

拾紫　骆宾王诗：钓名劳拾紫。

纡青　《晋书》　创甲乙之科，擢贤良之策，莫不纡青拖紫。

黄甲　方岳诗：得免白丁何啻足，亲曾黄甲不堪看！

白丁　见上。

桃李　刘禹锡《寄王时郎放榜》诗：满城桃李属春官。

参苓　见前“药笼”注。

黄绢　《世说》　曹娥碑背上题作黄绢、幼妇、外孙、齑臼，杨修曰：黄绢色丝，于字为绝。幼妇少女，于字为妙。外孙女子，于字为好。齑臼受辛，于字为辞。

红绫　《洛中记》　时进士闻喜宴，上命御厨各赐红绫饼餤。

八斗　《南史》　谢灵运曰：天下才共一石，曹子建得八斗，我得一斗，自古及今共用一斗。

三升　《王制》　命乡论秀士升之司徒，曰选士；司徒论选士之秀者而升之学，曰俊士；大乐正论选士之秀者以告于王，而升诸司马，曰进士。

骥尾　《史记》　附骥尾而行，益显。

龙头　梁灏诗：也知年少登科好，争奈龙头属老成。

烧尾　《闻见录》　士人初登第，必展欢宴，谓之烧尾。鱼跃龙门，雷烧其尾，乃化。

点头　见前“朱衣”注。

银榜　杜甫诗：曲江翠幕排银榜。

琼林　《玉海》　琼林苑遇放榜，进士闻喜宴于此。

卷六　人部

性道

渐进　《易》　故受之以渐,渐者,进也。

谦冲　《晋书·载纪》　顺守谦冲。

岳峻　潘岳《郑司空碑》　宏操岳峻。

渊冲　萧悫诗:无累在渊冲。

弄月　《宋史》　程颢曰:自再见周茂叔后,吟风弄月以归,有吾与点也之意。

吟风　见上。

时雨　《孟子》　君子之所以教者五,有如时雨化之者。

春风　《话录》　朱光庭见明道先生于汝川,归语人曰:在春风中坐了一月。

象罔　《庄子》　黄帝游乎赤水,遗其玄珠,象罔得之。

鸿蒙　见“天部·云将”注。

白贲　《易》　白贲无咎。

黄离　《易》　黄离元吉。

指掌　《论语》　指其掌。注:言是时夫子指其掌。

列眉　《战国策》　吾信汝犹列眉也。

虚牝　韩愈诗：可怜无益费精神，有似黄金掷虚牝。

守雌　《老子》　知其雄，守其雌。

玉铉　《易》　鼎玉铉大吉。

金柅　《易》　系于金柅，贞吉。○（音义）柅，乃履反。注：金者刚强之物，柅者制动之主。

鱼跃　《中庸》　鸢飞戾天，鱼跃于渊。言其上下察也。

鸢飞　见上。

蝼蚁　《庄子》　所谓道，恶乎在？曰：在蝼蚁。注：言道无所不在也。

豚鱼　《易》　信及豚鱼也。

鹿洞　《宋史》　朱子访白鹿洞书院遗址，奏复其旧，为《学规》俾守之。

鹅湖　《宋史》　陆九渊与朱熹会鹅湖，论辩所学，多不合。

刍狗　《老子》　天地不仁，以万物为刍狗；圣人不仁，以百姓为刍狗。

木鸡　《庄子》　纪渻子养斗鸡，曰：望之似木鸡矣，其德全矣。

济北　徐陵《文》　济北颜渊，关西孔子。

关西　《后汉书》　关西孔子杨伯起。

纳牖　《易》　纳约自牖。注:纳此俭约之物,从牖而荐之。

升阶　《易》　贞吉升阶。

克己　《论语》　克己复礼为仁。

忘辛　左思《魏都赋》　习蓼虫之忘辛,玩进退之惟谷。

贲趾　《易》　贲其趾。

艮身　《易》　艮其身无咎。

点雪　《语录》　颜子克己,如洪炉上一点雪。

浮云　《论语》　不义而富且贵,于我如浮云。

桂性　《长编》　晏享曰:姜桂之性,到老愈辣。

兰言　骆宾王《启》　挹兰言于断金。

铜行　《汉书》　铜之为物,至精有似士,君子之行乎?

金言　白居易诗:金言自销铄。

月窟　诏子诗:乾遇巽时为月窟,地逢雷处见天根。

天根　见上。

虫臂　《庄子》　伟哉造化,又将奚以汝为。以汝为虫臂乎?以汝为鼠肝乎?

鼠肝　见上。

性海　白居易诗:性海澄渟平少浪,心田洒扫净无尘。

情田　《礼记》　故人情者，圣王之田也。

若谷　《老子》　上德若谷。

如渊　《中庸》　渊泉如渊。

虚白　《庄子》　虚室生白。

太玄　《汉书》　扬雄方草太玄，有以自守，泊如也。

知白　《老子》　知其白，守其黑，为天下式。

谈玄　《世说》　王夷甫妙于谈玄，恒捉白玉柄麈尾。

犊佩　苏轼诗：归心忘犊佩，生术寄羊鞭。

羊鞭　见上。

坎坎　《易》　来之坎坎。

乾乾　《易》　君子终日乾乾。

心谷　《孟子集注》　程子所谓心如谷种。

性禾　《春秋繁露》　善如米，性如禾。

硕果　《易》　硕果不食。注：如硕大之果不为人食。

枯杨　《易》　枯杨生稊。

元圣　班固《典引》　先师元圣使缀学立制。注：元圣，孔子也。

素王　刘沧诗：万代先生号素王。

后素　《论语》　子曰：绘事后素。

通黄　《易》　君子黄中通理。

豮豕　《易》　豮豕之牙。

羝羊　《易》　羝羊触藩。

喻马　《庄子》　以马喻马之非马也，不若以非马喻马之非马也。

亡羊　《列子》　大道以多歧亡羊，学者以多方丧生。

素履　《易》　素履往无咎。

黄裳　《易》　黄裳元吉。

后甲　《易》　先甲三日，后甲三日。

先庚　《易》　先庚三日，后庚三日。

豫顺　《易》　豫顺以动故，天地如之。

谦亨　《易》　谦亨。

苦节　《易》　苦节不可贞。

甘临　《易》　甘临。注：谓甘美谄佞，以邪说临物。

玉色　《礼记》　玉色。注：玉无变色。

金心　《管子》　金心在中不可匿。

焠掌　《荀子》　有子恶卧而焠掌。

镂心　《困学纪闻》　中庸镂其心，左阶铭其背。注：镂心即服膺。

介石　《易》　介于石。注：谓耿介似于石。

断金　《易》　二人同心，其利断金。

金诺　《史记》　得黄金百斤，不如得季布一诺。

玉音　《诗》　毋金玉尔音。

衍五　《易》　大衍之数五十。

兼三　《易》　兼三材而两之。

夬夬　《易》　君子夬夬。

谦谦　《易》　谦谦君子,卑以自牧也。注:谦卑自养其德。

木强　《史记》　周勃木强敦厚。○强上声。

金缄　《家语》　孔子观周庙有金人,三缄其口而铭其背,曰:古之慎言人也。

卷七　人部

人品

冀北　韩愈《送温处士序》　伯乐一过冀北之野，而马群遂空。

江东　《晋书》　江东独步王文度。

绛老　李峤《序》　亥有二首，方开绛老之年。

黄童　《后汉书·黄香传》　天下无双，江夏黄童。

秋月　《宋史》　又同襟怀，洒落如晴云秋月。

春风　见“性道·春风”注。

霁月　《宋史》　周子人品甚高，如光风霁月。

光风　见上。

篾叟　《宋史》　篾叟、酱翁，皆蜀之隐君子也。○皆善易。

酱翁　见上。

若凤　《扬子》　君子在治若凤。

犹龙　《史记》　孔子曰：吾今日见老子，其犹龙耶。

三凤　《唐史》　薛收与弟兄齐名，世称河东三凤。

八龙　《汉纪》　荀淑有八子，人号曰八龙。

附骥　《史记》　颜渊虽笃学，附骥尾而行益显。

登龙　《世说》　登李膺门者，时号为登龙门。

荀鸣鹤　《晋书》　陆士龙与荀隐未识，会张华坐。云曰：云间陆士龙。荀曰：日下荀鸣鹤。

陆士龙　见上。

马磨　《蜀志》　许靖与从弟召俱知名，靖以马磨自给。

鸿舂　《后汉书》　梁鸿依皋伯通家，居庑下，为人赁舂。

劲草　《唐书·萧瑀传》　帝赐诗曰：疾风知劲草，板荡识诚臣。

寒松　《宋史》　时人谓谢混肃肃，如寒风振松。

青眼　《晋书》　阮籍能为青白眼，见礼俗之士，以白眼对之。

白眉　《三国志》　马氏五常，白眉最良。良眉中有白毛，故称之。

狗监　《汉书》　杨得意为狗监，上读《子虚赋》而善之，得意曰：臣邑人司马相如为此赋。

牛医　《后汉书》　黄宪父为牛医，戴良见宪归，罔然若有失，母曰：汝复从牛医儿来耶？

鹄举　《韩诗外传》　臣将去，君黄鹄举矣。

鸿飞　《扬子》　鸿飞冥冥，弋人何篡焉？

马帐　《后汉书》　马融，扶风人。坐高堂，施绛帐，前授生徒，后列女乐。

牛衣　《汉书》　王章为诸生，无被，卧牛衣中。注：牛衣，编乱麻为之，即今俗呼龙具者。

牛心炙　《晋书》　王羲之谒周颛，时重牛心炙，颛先割啖羲之，于是始知名。○炙，去声。

犊鼻衣　《晋书》　七月七日北阮盛晒衣服，阮咸挂大布犊鼻衣于庭，曰：未能免俗，聊复尔耳。

双璧　《蜀志》　陆玮与弟恭之并有时名，洛阳令见曰：仆以老年，更睹双璧。

三珠　《唐书·王勃传》　勔、剧、勃皆著才名，杜易简称为三珠树。

丰玉　《世说》　世称庾文康为丰年玉，稚恭为荒年谷。

遗珠　《唐书》　狄仁杰为吏诬诉，黜陟使阎立本召讯，异其才，曰：君可谓沧海遗珠。

玉尺　《五代史》　赵光逢以文行知名，时人称其方直温润，谓之玉界尺。

冰壶　《元史》　黄溍天姿介特，称其清风高节，如冰壶玉尺。

餐蔗　《晋书》　顾恺之食甘蔗，恒自尾至本，云渐入佳境。

钉梨　《旧唐书》　崔澹子远文才清丽，时目为钉坐梨，言席上之珍也○钉作饤，丁定切。

子鹤　《诗话总龟》　林逋隐于西湖，不娶无子，所居多植梅蓄鹤，因谓梅妻鹤子云。

妻梅　见上。

仙李　李汾诗：几代云孙接仙李。

老莱　《孝子传》　老莱子年七十，著五色斑衣，弄雏鸟于亲侧。

书亥　李商隐诗：过客不劳询甲子，惟书亥字与时人。○用《左传》亥有二首六身事。

生申　《诗》　维岳降神，生甫及申。

蠖屈　《易》　尺蠖之屈，以求信也。

龙伸　马祖常诗：踬身不踬道，龙蛇果能伸。

甲子　《左传》　臣生之岁，正月甲子朔，四百有四十五甲子矣。

庚寅　《离骚》　摄提贞于孟陬兮，惟庚寅吾以降。

卧雪　《后汉书·袁安传》　洛阳令令人除雪，见安僵卧，问何以不出，曰：大雪不宜干人。

耕云 《记事珠》 管师复善诗，仁宗召问，对曰：满坞白云耕不尽，一川明月钓无痕。

乐雾 綦叔厚《贺林宰启》 都骑鼎来，即遂披于乐雾；双鱼宠及，乃预拜于郁云。

郇云 见上。

北斗 《唐书》 韩愈没后，其言盛行，学者仰之如泰山北斗。

南云 孟郊《遇从叔简》诗：南云乘庆归，北云与谁群？

鹤立 《晋书》 嵇绍入洛，或曰：昨于稠人中见嵇绍，昂昂然如野鹤之在鸡群。

鸿轩 颜延之诗：交吕既鸿轩，攀嵇亦凤举。

南郭 《韩非子》 齐宣王使人吹竽，必三百人，南郭处士请为王吹竽。

西门 《韩非子》 西门豹性急，佩韦以缓己。

凤穴 《北史》 潘陆张左擅侈丽之才，饰羽仪于凤穴。

龙门 见前“登龙”注。

白社 《逸士传》 董威在洛阳，隐居白社。

青门 阮籍诗：昔闻东陵瓜，近在青门外。

龙尾 《魏志》 华歆与邴原、管宁，时人号为一龙，歆为龙头，原为龙腹，宁为龙尾。

猪肝 《世说补》 闵仲叔家贫，日买猪肝一片，安邑令敕吏常给焉。叹曰：仲叔岂以口腹累安邑耶？遂去。

玉海　《南史》　朱异年少，器宇弘深，金山万丈，缘陟未登，玉海千寻，窥映不测。

金山　见上。

枕流漱石　《晋书》　孙楚欲隐居，误云枕流漱石。王济曰：流可枕、石可漱乎？楚曰：枕流欲洗其耳，漱石欲砺其齿。

樵水渔山　宋濂《竹溪隐民传》　逸民曰：樵于水，志岂在薪，渔于山，志岂在鱼。

第五　《晋书》　何准兄充为骠骑将军，劝令仕，准曰：第五之名，何减骠骑。准兄弟中第五。

半千　《唐书·员半千传》　王义方曰：五百岁一贤者生，子当当之。因改今名。

麟角　《北史》　学者如牛毛，成者如麟角。

凤毛　《南史·谢超宗传》　凤子超宗，帝谓谢庄曰：超宗殊有凤毛。

红杏　《遯斋闲览》　宋子京往见张子野曰：欲见"云破月来花弄影"郎中，子野屏后呼曰：得非"红杏枝头春意闹"尚书耶？

黄花　《舆图考》　韩琦留守，时九日，有诗云：莫嫌老圃秋容淡，且看黄花晚节香。

子柳　《孟子》　子柳子思为臣。

庚桑　《庄子》　老聃之后有庚桑楚者，偏得老聃之道。

一鹗 孔融《荐祢衡表》 鸷鸟累百，不如一鹗。

千羊 《史记》 千羊之皮，不如一狐之腋；千人之诺诺，不如一士之谔谔。

御李 《后汉书》 荀爽尝就谒李膺，因为其御，喜曰：今日乃得御李君矣。

识荆 李白《上韩荆州书》 生不愿封万户侯，但愿一识韩荆州。

七松处士 《唐书》 郑薰既老，莳松于庭，号七松处士。

五柳先生 陶潜《五柳先生传》 宅边有五柳树，因以为号焉。

岳峙 《晋书·隐逸传序》 玉辉冰洁，川渟岳峙。

河清 《宋史》 包拯立朝刚毅，人以拯笑比黄河清。

立雪 《宋史》 杨时见程颐于洛。一日，颐偶瞑坐，时与游酢侍立不去，颐既觉，则门外雪深一尺矣。

聚星 《续晋阳秋》 陈仲弓从子侄造荀季和父子，于时德星聚，太史奏五百里贤人聚。

北郭 《高士传》 楚聘北郭先生，妇曰：结驷连骑，所安不过容膝。遂辞聘。

东陵 《史记》 召平者故秦东陵侯,秦破为布衣,种瓜于长安城东。瓜美,谓之东陵瓜。

司马 王逢诗:喻蜀汉司马,归吴张季鹰。

季鹰 《晋书》 张翰字季鹰。○详见“饮食·莼羹”注。

云鹤 《魏志》 邴原所谓云中鹤。

霜鹰 《唐书》 苏味道九月得霜鹰。

月旦 《后汉书》 许劭好核论乡党人物,每月辄更其品题,故汝南俗有月旦评。

春秋 《晋书》 褚裒皮里春秋,言其外无臧否,内有褒贬。

禽向 《后汉书》 向平隐居不仕,与同好禽庆俱游五岳名山,不知所终。

羊求 《三辅决录》 蒋诩隐于村陵舍中,三径唯羊仲求从之游。

鹤氅 《晋书》 王恭被鹤氅裘涉雪而行,孟昶曰:此真神仙中人。

羊裘 《后汉书·严光传》 齐国上言,有一男子被羊裘钓泽中,帝疑其光,遣使聘之。

犀首 《史记》 陈轸见犀首,曰:公何好饮也。犀首曰:无事也。○犀首,官名。即公孙衍。

虎头 《晋书》 顾恺之小字虎头,才绝、画绝、痴绝。

屐齿 《南史》 谢灵运陟岭，尝著木屐，上山则去其前齿，下山则去其后齿。

杖头 《晋书》 阮修尝步行，以百钱挂杖头，至酒店，便独酣畅。

洗耳 《孟子疏》 许由隐箕山，尧聘为九州长不赴，遂洗耳于河。

掉头 杜甫诗：巢父掉头不肯住。

莲社 《莲社高贤传》 远法师结莲社，以书招渊明，渊明曰：若许饮，则往。遂造焉。

竹林 《魏氏春秋》 嵇康、阮籍、山涛、向秀、籍兄子咸、王戎、刘伶游于竹林，号为七贤。

东箭 《晋书·虞潭顾众传》 顾实南金，虞惟东箭。

南金 见上。

魏玉 《海录碎事》 孙兴公目孔沈、魏颉曰：沈为孔家金，颉为魏家玉。

孔金 见上。

玉唾 李白诗：咳唾落九天，随风生珠玉。

珠谈 《晋书·刘惔韩伯传赞》 刘韩秀士，珠谈间起。

龟鉴 《宋史》 包拯上唐、魏、郑公三疏，愿置之座右，以为龟鉴。

麈谈 《晋书》 王衍善玄言，每捉玉柄麈尾。〇林景熙诗：疑是神仙接麈谈。

鲠直 杜甫诗:不逢轮鲠直,曾是正陶甄。

鸡廉 《监铁论》 当世嚣嚣,非患之鸡廉,患在位者之虎饱。注:鸡食无多,故曰廉。

卷八　人部

文学

月异　李谦《张公碑》　涵积揉累，日殊月异；撷芳隽腴，充而足之。

雷同　《礼记》　毋雷同。

刻鹄　马援《戒兄子书》　所谓刻鹄不成尚类鹜者也。

雕虫　《扬子》　或问吾子好赋，曰：然。童子雕虫篆刻。

延露　马融《长笛赋》　下采制于延露、巴人。注：皆小曲名。

扶风　见“人品·马帐”注。

淮雨　《文心雕龙》　尚书大传有别风淮雨，帝王世纪云列风淫雨，别列、淮淫，字似潜移。淫列义当而不奇，淮别理乖而新异。

别风　见上。

谢月　《昭明文选》　宋玉风赋，谢庄月赋。

宋风　见上。

刻翠　《玉壶诗话》　徐东野诗，不过剪红刻翠而已。

剪红　见上。

经祖　《玉海》　孔子作经之祖,左氏作传史之宗。

史宗　见上。

绣虎　《玉箱杂记》　曹子建号绣虎,邓艾号伏鸾,陆云号隐鹄。

雕龙　《史记》　谈天衍,雕龙奭,炙毂过髡。○奭,驺奭。

吐凤　《前汉书》　扬雄奏《甘泉赋》,梦口吐白凤。

梦龙　《西京杂记》　董仲舒梦蛟龙入怀,乃作《春秋繁露》。

拄腹　苏轼《试院煎茶》诗:不用撑肠拄腹文字五千卷,但愿一瓯常及睡足日高时。

罗胸　李贺诗:二十八宿罗心胸。

刮目　《吴志》　士别三日,即更刮目相看。

浇胸　黄庭坚《书》　人胸中不用古书浇灌之,则尘俗生其间。

学海　《拾遗记》　康成为经神,何休为学海。

才峰　《世说》　支遁才峰秀逸。

陆海　《诗品》　陆文如海,潘藻如江。

潘江　见上。

虎观　《后汉书》　诏诸儒会白虎观,讲议五经同异。

鸡窗　《幽冥录》　宋处宗置一长鸣鸡窗间，后鸡作人语，与处宗谈论，极有玄致。

第一　《春秋繁露》　仲舒以醇儒称，对策为古今第一。

无双　《后汉书》　丁鸿字孝公，与诸儒论定五经时，人叹曰：殿中无双丁孝公。（又）许慎字叔重，博学经籍，时人语曰：五经无双许叔重。

鼠狱　《史记》　张汤为儿守舍，鼠盗其肉，汤劾鼠治爰书，其父视其文，辞如老狱吏。

鸡碑　《晋书》　戴逵总角时，以鸡卵汁溲白瓦屑作郑玄碑，辞丽器好，时人惊叹。

潜夫论　杜甫诗：谩作潜夫论，虚传幼妇碑。○王符著书以讥当时得失，号潜夫论。

幼妇碑　见“科名·黄绢”注。

九苞凤　《论语谶》　凤有九苞凤。

五总龟　《唐书》　殷践猷博学，贺知章尝号为五总龟，谓龟千年五聚，问无不知也。

绛帐　见“人品·马帐”注。

缁帷　《庄子》　孔子游乎缁帷之林，休坐乎杏坛之上，弟子读书，孔子弦歌。

叉手　《北梦琐言》　温庭筠工为小赋，每入试,凡八叉手而八韵成。

撚髭　卢延让诗:吟成几个字,撚断数茎髭。

折角　《汉书》　充宗善易,元帝令与诸家论,朱云升堂,连折五鹿。语曰:五鹿岳岳,朱云折其角。○充宗复姓五鹿。

解颐　《汉书》　匡衡好学,诸儒语曰,无说诗,匡鼎来,匡说诗,解人颐。注:衡字鼎。

倚马　李白《书》　请日试万言,倚马可待。

探骊　《唐诗纪事》　刘梦得同会乐天舍,各赋金陵怀古诗,刘饮已即成。白曰:四人探骊,龙子先获珠。

晋豕　《家语》　卜商见鲁史志者,云晋师伐秦,三豕渡河。子夏曰:非也,己亥耳。○以己为三,以亥为豕。又《法言》　鲁鱼盈贯,晋豕成群。

鲁鱼　《抱朴子》　书三写鲁成鱼,虚成虎。

瓠史　《梁史》　萧琛为宣城令,有僧赍一胡芦巾藏班固汉书稿,琛秘之,号瓠史。

竹书　《南史》　襄阳人开古冢,得竹简古书,江淹从蝌蚪字求,则周宣王之简。

花样　《东京梦华录》　花样奇巧百端。

草书　陆游诗:戏就明窗学草书。

缉柳　《楚国先贤传》　孙敬在太学,编杨柳简以写经。○《任彦升表》　集萤映雪,编蒲缉柳。

编蒲　《汉书》　路温舒取泽中蒲，截为牒，编用写书。

司马　《汉书》　司马迁为太史公，拾遗补艺，成一家言。

董狐　《左传》　董狐，古之良史也。

竹牒　《汉书》　刘向校书天禄阁，有老人植青藜杖而进，吹杖端烟，因以见向，曰：我太乙之精，天帝闻卯金之子博学，下而观焉。乃出其怀中竹牒、天文地理之书，悉以授之。

萝图　见“帝王·萝图”注。

青简　江总《序》　至如紫台青简，绿帙丹经，五版秘文，瑶坛怪牒，莫不贯彻精微。

绿图　《淮南子》　洛出丹书，河出绿图。

驱雀　《南史》　顾欢家贫，父使欢田中驱雀，欢作黄雀赋而归。

护鸡　《后汉书》　高凤妻尝之田，曝麦于庭，令凤护鸡。时天暴雨，凤持杆诵经，不觉流麦。

耳食　《史记》　学者牵于所闻，此与以耳食无异。

心斋　《庄子》　仲尼曰，惟道集虚。虚者，心斋也。

蓬观　《汉书》　蓬观，即秘书省。

兰台　《职林》　汉氏图籍，有御史中丞掌兰台秘书。

体制　《宋史》　研究字画体制，悉能辨正是非。

心裁　《文心雕龙》　心裁文章，研神理而设教。

窥西　宋濂诗：欲尽王霸言，自寅直窥西。

受辛　见“科名·黄绢”注。

诗伯　《晋阳秋》　张植谓陆机兄弟文章藻丽，语人曰：二陆乃今之诗伯也。

经神　见前“学海”注。

风采　《水经注》　龙潜风采之贤。

龙文　《北齐书》　杨愔从父兄昱，特相器重，曰：此儿驹齿未落，已是我家龙文。

垂露　庾信《启》　文异水而涌泉，笔非秋而垂露。

凌云　《史记》　司马相如奏大人之颂，天子大说，飘飘有凌云之气。

繁露　《汉书》　董仲舒说春秋事，得失玉杯繁露之篇。

朵云　《唐书》　韦陟封郇国公，书记使侍妾主之，陟惟署名，自谓所书陟字如五朵云。

月露　《隋书》　连篇累牍，不出月露之形；积案盈箱，惟是风云之状。

渊云　江淹《别赋》　渊云之墨妙，严乐之笔精。注：王褒，字子渊；扬雄，字子云。

鳣馆　沈佺期诗：鳣馆想虚筵。

兔园　《五代史》　冯道世本田家，入朝数反顾，岳曰：遗却兔园册尔。兔园册者，田夫牧子之所诵也。

东壁　张说诗：东壁图书府，西园翰墨林。

西园　见上。

鼎说　见前"解颐"注。

卮言　《庄子》　卮言日出。

飞白　《书断》　飞白，后汉左中郎蔡邕所作也。

书丹　《隶释》　石经，蔡邕自书丹，使工镌刻。

槐市　《华山记》　华岳西北有槐市。杨震讲学授徒成市，其处多槐，故号焉。

杏坛　见前"缁帷"注。

隐鹄　见前"绣虎"注。

伏鸾　见上。

文海　《宋史》　书肆有书曰圣宋文海。

书山　《七略》　武帝广开献书之路，书积如山。

范水　《文心雕龙》　长卿之徒，诡势瑰声，模山范水，字必鱼贯。

模山　见上。

百一　《隋书·经籍志》　应璩百一诗八卷。○详见《昭明文选》“百一诗”注。

三千　《汉书》　东方朔初入长安，上书凡用三千奏牍。

掷地　《晋书》　孙绰作《天台赋》，示范荣期曰：卿试掷地。当作金石声。

掞天　左思《蜀都赋》　摛藻掞天庭。

丹篆　《异人录》　韩文公梦人与丹篆一卷吞之。

绿编　张正见诗：凤下书丹篆，龟符著绿编。

黄卷　《唐书》　狄仁杰曰：黄卷中方与圣贤对，何暇偶俗吏语耶？

青毡　《晋书·王献之传》　偷人入其室，献之徐曰：青毡我家旧物，可特置之。

五鹿　《西京杂记》　五鹿充宗受学于宏成子。宏子少时，有人授以文石，吞之遂大明悟。成子后吐出比石，以授充宗，又为硕学。

三鳣　《后汉书》　杨震客居于湖，有冠雀衔三鳣鱼，飞集讲堂前，都讲曰：先生自此升矣。

玉合　《全唐诗话》　刘昭禹与人论诗曰：五言如四十个贤人，著一字屠沽不得，觅可者若掘得玉合子，底必有。盖精心求之，必获其宝。

珠船　《困学纪闻》　王微之云，观书每得一义，如得一真珠船。

追风马　王粲《七释》　追风之马，出自遐福。

下水船　《摭言》　裴庭裕在内庭，文书敏捷，号为下水船。

藻思　钱起诗：文人藻思催。

薪传　《庄子》　指穷于为薪，火传也，不知其尽也。

意蕊　梁简文帝文：窗舒意蕊，室度心香。

辞条　《世说》　辞条丰蔚。

马尾　潘邠老《赠贺方回》诗：诗束牛腰藏旧稿，书讹马尾辨新雠。○《汉书·石庆传》注：马字下屈者，尾并四点，为足凡五。

牛腰　见上。

腹藁　《唐诗》　王勃每属文，酣饮，引被覆而卧。及寤，援笔成篇，号腹藁。

手抄　《晋书》　阮瞻好读书，或手自抄写。

集凤　《西京杂记》　扬雄著《太玄经》，梦吐凤凰集玄之上。

怀蛟　见前"梦龙"。○胡曾《启》　有心吐凤，无梦怀蛟。

倒峡　杜甫诗：词源倒泻三峡水。

悬河　《旧唐书》　杨临川文思如悬河注水，酌之不竭。

学海　骆宾王文：字中蝌蚪，竞落文河；笔下蛟龙，争投学海。

文河　见上。

秋实　《魏志》　采庶子之春华，忘家丞之秋实。○庶子，刘桢家丞邢颙。

春华　见上。

试草　《范君用》诗：梦花不羡雕虫巧，试草曾供倚马忙。

梦花　《独异志》　马融梦见一林花如锦绣，及寤，见天下文词无所不知，时人号为绣囊。

污竹　《晋书》　存诸污竹，不可厚诬。

心花　梁简文帝《启》　心花成树。

起草　岑参诗：灯缘起草挑。

生花　《开元遗事》　李白少时，梦所用之笔头上生花。

摛藻　班固《宾赋》　摛藻如春华。

粲花　《开元遗事》　李白与人谈论，如春葩飞藻粲于齿牙，时号粲花之论。

诗叶　周文璞诗：野水流诗叶。

笺花　李元纮诗：笺花降紫墀。

胸中成竹　晁补之诗：与可画竹时，胸中有成竹。

口上生花 《云仙杂记》 张祜苦吟，妻奴唤之不应。以责祜，祜曰：吾方口吻生花。

三箧 《汉书·张安世传》 武帝幸河东，尝亡书三箧，诏问莫知，惟安世识之，具记其事。

五车 《庄子》 惠施多方，其书五车。

七步 《世说》 文帝令东阿王七步中作诗，应声便为诗。

八叉 见前“叉手”。

甲观 庾信《赋》 文词高于甲观。

酉阳 《陈氏书录》 段成式撰《酉阳杂俎》，大小二酉山多藏奇书，故也。

腹笥 《后汉书》 边韶曰：边为姓，孝为字，腹便便，五经笥。

心香 见前“意蕊”注。

醉圣 《开元遗事》 李白每醉，为文未尝差误，人谓醉圣。

诗王 《云仙杂记》 杜子美梦见峨冠童子告曰：天使汝下谪，为唐世文章，诺曰：诗王本在陈芳国。

日月光 《渔隐丛话》 淮西功德冠吾唐，吏部文章日月光。

挟风霜 《西京杂记》 淮南王安著《鸿烈》二十一篇，自云字中皆挟风霜。

对白 柳宗元《乞巧文》 抽黄对白。

抽黄　见上。

四库　《唐书》　秘书郎按甲、乙、丙、丁四部之图籍，谓之四库：经库、史库、子库、集库。

三仓　《隋书》　《三仓》三卷，郭璞注。李斯作《仓颉篇》，扬雄作《训纂篇》，贾鲂作《滂喜篇》，故曰“三仓”。

丹册　江淹《书》　俱启丹册，并图青史。

青箱　《宋书》　江左旧事，缄之青箱，时人谓之王氏青箱学。

曝腹　《晋书》　郝隆七夕日仰卧庭中，人问之，曰：晒我腹中书。

涤肠　《五代史》　王仁裕以文辞知名，少梦剖肠胃以西江水涤之。

鹦鹉　杜甫《赠太常张卿》诗：健笔凌鹦鹉，铦锋莹鷿鹈。

凤凰　见前“集凤”注。

乙乙　陆机《文赋》　思乙乙其若抽。

庚庚　郑元祐诗：两徐识解更卓特，著书翼慎言庚庚。（原按）清徐错注许慎说文。

书你　魏了翁《赋》　更倩南窗书你味。

墨卿　扬雄《赋序》　藉翰林以为主人，子墨为客卿以讽。

蛾子　《礼记》　蛾子时术之。（音义）蛾作蚁。

鸿生 《唐书》 愿与巨学鸿生,共力雠刊。

心醉 《文中子》 心若醉"六经"。

目耕 《南史》 王韶之家贫好学,人曰:困穷如此,何不耕?答曰:我常目耕耳。○目,一作自。

心织 《唐书》 王勃所至,请托为文,金帛丰积。人谓之心织舌耕。

舌耕 《拾遗记》 贾逵门徒来学,积粟盈仓。或曰:逵非力耕,所谓舌耕也。

玉屑 《世说》 清言如霏玉屑。

金声 见前"掷地"注。

鸿丽 《南史》 王僧虔与袁淑、谢庄善,淑每叹之曰:卿文情鸿丽。

鲸铿 班固《东都赋》 发鲸鱼铿华钟。○韩愈、孟郊联句:次韵激天鲸。

头白 《唐书》 头白可期,汗青五日。

汗青 《后汉书》注:杀青,以火炙简,令汗取其青,易书。

雀录 《史记·周纪》 丹开雀录,火降乌流。

麟经 《春秋正义》 先儒或以为麟后之经,亦是孔子所书。

肉谱 《唐书》 李守素通氏姓学,世号肉谱。

心经 《酉阳杂俎》 真德秀著《心经》一卷。

二酉 见"地部·酉山"注。

双丁　《梁书》　到溉与弟洽俱有才学，世祖赠诗曰：魏氏重双丁，晋朝称二陆。何如今两到，复似凌寒竹。

庚子　《齐书》　臧荣绪惇爱“五经”，常以宣尼生庚子日，陈“五经”拜之。

丙丁　《隋书》　秘阁之书，东屋藏甲乙，西屋藏丙丁。甲乙，经史也；丙丁，子集也。

书午　《遯斋闲览》　李安义谒富人郑生，辞以出，安义于门上大书“午”字，为牛不出头也。

识丁　《唐书》　天下无事，而辈挽两石弓不，如识一丁字。

太乙　见前“竹牒”注。

六丁　《异人记》　王远知善易，作易总。一日雷雨，云雾中一老人曰：上帝命吾摄六丁雷电追取。

牧豕　《后汉书》　承宫少孤，为人牧豕，徐子盛以春秋经授诸生，宫因就听经，勤学不倦。

集萤　《晋书》　车武子博学家贫，不常得油，夏月则练囊盛萤光以照。

半豹　《晋书》　谢灵运云：若殷仲文读书半袁豹，则文才不减班固。

全牛　《庄子》　庖丁曰：始臣解牛之时，所见无非牛者。三年之后，未尝见全牛也。

李商隐《文》 学殊半豹，技愧全牛。

蹄兔 《庄子》 筌者所以在鱼，得鱼而忘筌；蹄者所以在兔，得兔而忘蹄；言者所以在意，得意而忘言。○蹄兔，罝也。

汗牛 柳宗元文：陆文通之书，处则充栋，出则汗牛马。

卫鹤 《记事珠》 卫济川养六鹤，日以粥饭啖之，三年识字。济川检书，皆使鹤取之，无差。

郑牛 白居易诗：郑牛识字吾常叹，丁鹤能歌尔亦知。（自注）谚云：郑康成家，牛触墙成八字。

康伯 《世说》 殷中军道韩太常曰：康伯发言，遣辞往往有情致。

邺侯 韩愈诗：邺侯家多书，插架三万轴。○李泌封邺县侯。

虬户 《朝野佥载》 徐彦伯为文，多求新奇，以凤阁为鹓阁，龙门为虬户，金谷为铣溪，玉山为琼岳，刍狗为卉犬，竹马为篆骖。后进效之，谓之涩体。

凤楼 《谈苑》 韩洎曰：吾兄为文，如绳枢草舍，予之文，造五凤楼手也。

凿齿 《晋书》 习凿齿博学洽闻，以文章著称。

长头 《后汉书》 贾逵在太学，诸儒语曰：问事不休贾长头。

莺馆　史学诗：诗酒偿残莺馆债。

鸡林　《唐书》　白居易工诗，鸡林行贾，售其国相，率篇易一金。

枵腹　范成大诗：匏瓜漫枵腹。

粪心　《说苑》　人知粪其田，莫知粪其心。何谓粪心，博学多闻。

绣口　柳宗元《乞巧文》　绣口锦心。

锦心　见上。

积玉　《晋书》　葛洪称陆机文犹元圃之积玉，无非夜光。

碎金　《晋书》　桓温尝以谢安所作简文帝谥议示坐宾，曰：此安石碎金也。

陈无已　《氏族谱》　宋陈师道字无已，苦吟多惊人语，有《后山集》行世。

许有壬　《元史》　许有壬工词章，有《幼妇集》行世。

卉犬　见前"虬户"注。

篆骖　见"虬户"注。

獭祭　《谈苑》　李商隐为文多简，阅书册左右鳞次，号獭祭。

鸡谈　骆宾王《序》　座接鸡谈。

观七　《文心雕龙》　易张十翼书，标七观诗，列四始礼，正"五经"，春秋五例。

肄三　《札记》　宵雅肄三，官其始也。

卷九　人部

武功

逐北　《史记》　齐人追亡逐北，所过城邑，皆畔燕而归。

笼东　《北史》　宇文泰与侯景战，马惊堕地。景兵追及之，李穆以策击泰马。骂曰：笼东军士。尔曹主何在而独留此？追者不疑，得逸去。笼东，摧败之貌。

甲外　杜甫诗：甲外控鸣镝。注：甲外，军阵之外。

庚中　《剧谈录》　将军帐外谓之申中，申外谓之庚中，取西方庚申金之义。

天子剑　《庄子》　此剑一用，匡诸侯，天下服矣。此天子之剑也。

圣人弓　《史记》　见鸟六双，王何不以圣人为弓，以勇士为缴，时张而射之。

赤壁　《广舆记》　赤壁嘉鱼江滨，周瑜破曹操处。

乌江　《史记》　项王乃欲东渡乌江。

露布　《世说》　桓宣武北征，袁宏时从，会须露布文，唤袁倚马前令作，俄得七纸。

云麾　《隋书》　梁置将以武臣、爪牙、龙骑、云麾，为十八班。

鹅鹳　《左传》　战于赭邱，郑翩愿为鹳，其御愿为鹅。注：鹳，鹅阵名。

虎貔　《书》　尚桓桓，如虎如貔。

鹤列　独孤及《八阵图记》　魏之鹤列，郑之鱼丽，周武之熊罴，昆阳之虎豹。

鱼丽　《左传》　为鱼丽之陈。丽音离。

时雨　《大戴礼记》　明王之征也，犹时雨也。

疾雷　《唐书》　郑畋募锐兵五百，号疾雷将。

烟阁　《唐书》　太宗图功臣于凌烟阁。

云合　《后汉书》　显宗追感前世功臣，乃图画二十八将于云合。

戊巳　《汉书》　戊巳校尉。注：戊巳寄治耳校蔚，亦无常居，故取戊巳为名。

庚辛　《月令》　孟秋之月，其日庚辛，天子乃命将帅选士厉兵。

旁午　《汉书》　使者旁午。注：旁午。分布也。

艰辛　李白诗：英豪未豹变，自古多艰辛。

枭将　《汉书》　张良曰：九江王布，楚枭将。

虎臣　《诗》　矫矫虎臣。

元老　《诗》　方叔元老。注：方叔，卿士也，受命而为将。元，大也。

丈人　《易》　师贞丈人吉。

木女　《汇苑》　汉祖平城之围，陈平用木偶美人阏氏，遂退军。

藁人　《唐书》　睢阳城中矢尽，张巡缚藁为人縋，城下兵争射之，得箭数十万。

虎将　《吴志》　刘备以枭雄之姿，而有关羽、张飞熊虎之将。

鸦军　《五代史》　克用少骁勇，军中号曰李鸦儿。赴京师，黄巢党惊曰：鸦儿军至矣。

枯松太保　《记事珠》　唐王建平东川，诸将争功。王宗裕退立枯松下，号枯松太保。

大树将军　《后汉书》　诸将并立论功，冯异独屏树下，军中号曰大树将军。

铜柱　《后汉书》　马援到交趾立铜柱，为汉之极界。

玉门　《后汉书》　班超自以久在绝域，上疏曰：臣但愿生入玉门关。

将军腹　《长编》　党进食饱扪腹，叹曰：我不负汝。左右曰：将军固不负此腹，此腹负将军，未尝少出智虑也。

壮士肝　杜甫诗：聊为义鹘行，用激壮士肝。

鲸鲵观　《左传》　明王伐不敬，取其鲸鲵而封之，以为大戮。于是乎有京观，以惩淫慝。

虎豹关　《韵府对语》。

白马长史　《后汉书》　公孙瓒乘白马，乌桓更相告语，避白马长史。

黄骢少年　《北史》　裴果征讨，常乘黄骢马先登陷阵，时人号为黄骢少年。

甲卒　《史记》　引其甲卒与之西。

丁年　李陵《答苏武书》　丁年奉使，皓首而归。

虎队　孟郊《猛将吟》　虎队手驱出，豹篇心卷藏。

豹篇　高启诗：屏里旧图鱼腹阵，灯前新注豹韬篇。

龙种　杜甫诗：元帅归龙种，司空握豹韬。

豹韬　《太公六韬》　文韬、武韬、龙韬、虎韬、豹韬、犬韬。

左蓐　《左传》　军行右辕，左追蓐，前茅虑无，中权后劲。

前茅　见上。

虎口　《史记》　此所谓探虎口者也。

鲸牙　韩愈诗：刺手拔鲸牙。

细柳　《史记》　亚夫军细柳，上自劳军，先驰不得入。上使使持节诏将军亚夫，乃传言开壁门，天子曰：此真将军矣。

长杨　《汉书》　幸长杨宫，大校猎。

虎变　《易》　大人虎变。

鹰扬　《诗》　维师尚父，时惟鹰扬。

心战　《蜀志》　夫用兵之道，心战为上，兵战为下。

腹兵　《名臣言行录》　今小范老子，腹中有数万甲兵。

鼠斗　《史记》　亦伐韩。赵奢曰：其道险远狭僻，犹两鼠斗于穴中，将勇者胜。

龙争　徐寅诗：亚父凄凉别楚营，天留三杰翼龙争。

燧象　《左传》　楚王使执燧象尾以奔吴师。

火牛　《史记》　田单收千余牛，束兵刃于其角而灌脂，束苇于尾烧其端。

飞豹　《晋史》　刘渊将王弥，弓马迅疾，号飞豹。

卧彪　《后魏史》　李崇都督淮南，所向摧破，号卧彪。

甲士　《司马法》　长毂一乘，甲士三人。

丁男　《汉书》　发天下丁男以守北河。

虎旅　李商隐诗：空闻虎旅传宵柝，无复鸡人报晓筹。

鱼铃　许景先诗：鱼铃五校名。

卷十　人部

礼仪

鹭序　《六帖》　寮寀痈痈，鸿仪鹭序。

鸿仪　见上。

龙勺　《礼记》　夏后氏以龙勺。

鸡彝　《礼记》　夏后氏以鸡夷。注：夷读为彝也。

苹鹿　《诗》　呦呦鹿鸣，食野之苹。

茅鸱　《左传》　使工为诵茅鸱，亦不知。

燕燕　《诗》　或燕燕居息。

鱼鱼　韩愈《元和圣德诗》　雅雅鱼鱼。

蒲璧　《周礼》　子用谷璧，男用蒲璧。

柏圭　见“地部·鲽水”注。

乙乙　王羲之《十七帖》　诸间想足下号具，不复乙乙。

申申　《论语》　子之燕居，申申如也，夭夭如也。

棣棣　《诗》　威仪棣棣，不可选也。

芸芸　《老子》　夫物芸芸，各复归其根。注：芸芸，物多貌。

虎斝　《古器评》　周虎斝。虎于五德为义，于五行为金，皆主乎刚而有断，所以制于酒也。

凫尊　《古器评》　汉凫尊。凫出入于水而不溺，饮酒者以礼自防，岂有沉溺败德之患？

麇至　《左传》　求诸侯而麇至。注：麇，群也。

骏奔　《诗》　骏奔走在庙。

十二　《左传》　周之王也，制礼上物，不过十二。注：上物天子之牢。

三千　《礼记》　曲礼三千。

朋酒　《诗》　朋酒斯飨。《传》两尊曰朋。

宾延　《诗》　宾之初延，左右秩秩。

鱼藻　孙觌文：加贲鹿苹之飨，辅成鱼藻之欢。

鹿苹　见上。

吉亥　《唐书·礼乐志》　吉亥祀先农。

上丁　《礼记》　上丁之日，释奠于学。

仪一　《诗》　其仪一兮。

让三　《礼记》　让之三也，象月之三日而成魄也。

视履　《易》　视履考祥。

鸣谦　《易》　鸣谦贞吉。

卷十一　人部

乐舞

牛铎　《晋书》　荀勖于路逢赵贾人牛铎，识其声中黄钟及掌乐，音韵未调。曰：得赵之牛铎则谐矣。

凤箫　《吕氏春秋》　伶伦取竹嶰谷，吹之，以为十二箫，听凤鸣以别十二律。

白琯　见“帝王·白琯”注。

黄钟　《礼记》　仲冬之月，律中黄钟。

叩玉　《史记·乐书》　索隐：端如贯珠，清同叩玉。

贯珠　《礼记》　故歌者累累乎端如贯珠。

黑黑　吴莱诗：君不见康昆仑罗黑黑，开元绝艺倾一国。○罗黑黑善琵琶。

乌乌　《史记》　击瓮、叩缶、弹筝，拊髀而歌，乌乌快耳目者，真秦声也。

折柳　李白诗：此夜曲中闻折柳。

落梅　李白诗：黄鹤楼中吹玉笛，江城五月落梅花。

回雪　沈朗《赋》　振飘摇之舞容，忽惊回雪。

遏云 《列子》 秦青善歌,能使声振林木,响遏行云。

北鄙 《论语集注》 子路鼓瑟,有北鄙杀伐之声。

南薰 《家语》 舜弹五弦之琴,造南风之诗。其诗曰:南风之薰兮,可以解吾民之愠兮。

鞠部 宋无诗:宣索当年鞠部头。自注:宋思陵时,有鞠夫人善歌舞,称为鞠部头。

梨园 《唐书》 明皇知音律,选子弟三百,教于梨园。

手语 《古乐府》 手语出朱弦,心声寄丹府。注:弹琴谓之手语。

心弹 白居易诗:五弦弹,五弦弹,听者倾耳心寥寥。

流水 《列子》 伯牙鼓琴,志在高山。钟子期曰:善哉,峨峨兮若泰山。志在流水,钟子期曰:洋洋兮若江河。

高山 见上。

奋地 《易》 雷出地奋,豫,先王以作乐崇德。

钧天 张衡《西京赋》 昔者大帝说秦穆而觐之,飨以钧天广乐。

豹尾 王勃《乾元殿颂》 歌呈豹尾,舞进鸢肩。

鸢肩　见上。

绿绮　《六帖》　相如有绿绮琴。

朱弦　《礼记》　清庙之瑟，朱弦而疏越。

凤琯　梅尧臣诗：参差凤琯清。

朱弦　庾信诗：一曲朱鸡弦。

雁柱　杨维桢诗：银甲辟弦斜雁柱。

鸳弦　李白诗：蜀琴欲奏鸳鸯弦。

紫芝曲　杜甫诗：隐士休歌紫芝曲。

黄竹篇　唐太宗《喜雪》诗：傥咏幽兰曲，同欢黄竹篇。

龙笛　马融《畏笛赋》　龙鸣水中不见己，截竹吹之声相似。

凤箫　《乐书》　舜作十管箫，其形参差，以象凤翼。

猿背笛　《酉阳杂俎》　有人以猿背为笛，吹之。其声清圆，胜于丝竹。

象牙箫　萧子显诗：奏鼓象牙箫。

三叠　苏轼诗：杳渺三叠荥阳关。

六么　《琵琶录》　乐工进曲，录出要者，名录要。误为绿腰、六么。

焦尾　《后汉书》　吴人有烧桐以爨者，蔡邕闻声，知为良木，因请裁为琴，名曰焦尾琴。

细腰　《荆楚岁时记》　村民腊日击细腰鼓。

垂手 《乐府古题要录》 《大垂手》，言舞而垂其手，又有《小垂手》。

折腰 《西京杂记》 戚夫人善为翘袖折腰之舞。

龙管 田娥《携手曲》 凤笙龙管白日阴。

凤匏 虞集诗：长吟吹凤匏。

龙须笛 戴复古诗：凤箫鼍鼓龙须笛。

凤尾槽 苏轼诗：半面犹遮凤尾槽。

元云曲 《武帝内传》 西王母命侍女安法婴歌元云之曲。

白雪歌 宋玉《对楚王问》 客有歌于郢中者，为阳春白雪，和者数十人。

柘枝舞 《梦溪笔谈》 寇莱公好柘枝舞，必竟日，人谓柘枝颠。

桃叶歌 《古今乐录》 桃叶歌者，晋王子敬所作也。桃叶，子敬妾名。

素手 《古诗》 纤纤出素手。

红牙 陆游诗：凭教后苑红牙版。

雾袖 梁简文帝《七励》 疾趋阿步，雾袖芬披。

霓裳 《异闻录》 明皇游月中，乐音清丽。归制霓裳羽衣曲。

鸾管 杨维桢《王母醉归图》诗：歌云缓绕紫鸾管。

凤笙　李白诗:愿入箫韶杂凤笙。

鱼听　《淮南子》　瓠巴鼓瑟,而淫鱼出听。

蟹行　《琴书诀》　凡弹琴轮指曰蟹行。

隔八　《隋书·律历志》　汉志京房,又以隔八。

纪三　《周语》　律所以立均出度也。纪之以三,平之以六,成于十二,天之道也。

卷十二　人部

伦类

三千仆　《左传》　秦伯送卫于晋三千人,实纪纲之仆。

八百僮　《史记》　巴寡妇清富,至家僮八百人。

蜡凤　《南史》　王僧虔父昙首,集子孙任其戏,僧绰采蜡烛珠为凤凰。

丸熊　《孔帖》　柳仲郢嗜学,母韩丸熊胆以助其勤。

今雨　杜甫《诗序》　旅次多雨,寻常车马之客,旧雨来,今雨不来。

古风　《唐书》　王仲舒之文有古风。

跨凤　《周仲士议亲启》　秦楼年少吹箫,此时已经跨凤。〇用秦女弄玉事。

乘龙　《楚国先贤传》　黄宪、李膺俱娶太尉桓焉之女,时谓桓叔元两女俱乘龙。

棣萼　《晋书·孝友传序》　夫天伦之重,共气分形。心睽则叶悴荆枝,生合则华承棣萼。

荆枝　见上。用田氏荆树事。

北面　《汉书》　于定国迎师学春秋，执经北面，备弟子礼。

南皮　《魏文帝与吴质书》　昔南皮之游，诚不可忘。

骥子　李纯甫诗：君不见浣花老人醉归图，熊儿着辔骥子扶。

熊儿　见上。

反目　《易》　夫妻反目。

齐眉　《后汉书》　梁鸿妻具食，举案齐眉。

一雁　庾信《赋》　苏武之一雁空飞。

双鱼　《古诗》　客从远方来，遗我双鲤鱼，呼童烹鲤鱼，中有尺素书。

鸿案　见上“齐眉”注。

鹿车　《汉书》　鲍宣妻与宣共挽鹿车归乡里。

奕叶　《说文》　奕叶累世也。

连株　《日帖》　连株同气。

乔梓　《尚书大传》　乔高而仰，梓卑而俯。乔父道也，梓子道也。

樝梨　《南史》　张敷小名樝，父小名梨。帝戏曰：樝何如梨？答曰：梨百果之宗，樝何敢比！

莱妇　任昉《刘夫人墓志》　既称莱妇，亦曰鸿妻。

梅妻　见“人品·子鹤”注。

蚕妾 《左传》 有蚕妾在其上。

鸿妻 见前“莱妇”注。

阮南北 《晋书》 阮咸与籍居道南，诸阮居道北。北阮富而南阮贫。

陆东西 《世说》 陆机兄弟住参佐廨中，三间瓦屋，士龙住东头，士衡住西头。

五桂 《五代史》 窦禹钧生五子，俱为显官。冯道赠诗曰：灵椿一株秀，丹桂五枝芳。

三槐 《邵氏录》 王祐世有阴德，尝手植三槐于庭，曰：吾子孙必有为三公者。

北阙 李嘉祐诗：北阙见端冕，南台当绣衣。

南陔 《诗·小序》 南陔孝子，相戒以养也。

滋蔓 《左传》 无使滋蔓。蔓，难图也。

析薪 《左传》 其父析薪，其子弗克负荷。

乾父 《易》 乾为父。

坤臣 虞翻《易注》 坤为臣。

桂戚 蔡邕《乔公庙碑》 时有桂戚、椒房之亲。

葭亲 《汉书》 群臣非有葭莩之亲。

东道主 《左传》 若舍郑以为东道主。

西都宾 班固《两都赋》 有西都宾问于东都主人。

云凤 《南史》 徐陵母梦五色云化为凤，集左肩上。已而诞陵，释宝志摩其顶曰：天上石麒麟也。

石麟　见上。

谢草　《南史》　谢惠连能属文,灵运于西堂思诗,竟日不就,忽梦见惠连,即得“池堂生春草”句。

庄椿　罗隐《钱尚父生日》诗:更俟庄椿一举头。

虎气　杜甫诗:虎气必腾上。

龙文　见“文学·龙文”注。

爱日　《礼记》　孝子爱日。

望云　《唐书》　狄仁杰登太行山,见白云孤飞,曰:吾亲舍其下。久之乃去。

落月　杜甫《梦李白》诗:落月满屋梁,犹疑照颜色。

停云　陶潜《停云诗序》　停云,思亲友也。

雁序　杜甫诗:九秋惊雁序。

鸰原　《诗》　鹡鸰在原。

鼻祖　《汉书》　鼻祖,始祖也。

耳孙　《汉书注》　耳孙者,元孙之子也。

骥子　《潜确类书》　裴寅明二子并有逸才。河东呼兄为骥,弟为龙文。

龙孙　《潜确类书》　王慧龙幼聪慧,其祖以为诸孙之龙,故以名之。

竹祖　皮日休诗:年纪翻嫌竹祖低。

桐孙　白乐天诗:梧桐老去长孙枝。

金友　《南史》　王铨弟锡,孝行齐焉,时人以为玉昆金友。

玉昆　见上。

葛藟　《左传》　公族,公室之枝叶也。葛藟犹能庇其本根,况国君乎!

芝兰　《世说》　谢安问:子弟欲其佳?玄答曰:譬如芝兰玉树,欲其生于庭阶耳。

椒衍　《诗》　椒聊之实,蕃衍盈升。

瓜绵　《诗》　绵绵瓜瓞,民之初生。

桂友　李峤诗:桂友寻东阁,兰交聚北堂。

兰交　见上。

燕翼　《诗》　以燕翼子。

凤毛　见"人品·凤毛"注。

桑梓　《诗》　维桑与梓,必恭敬止。

茑萝　《诗》　茑与女萝,施于松柏。

瓜葛　《世说》　王导与其子悦围綦争道,导笑曰:相与似有瓜葛,得尔耶?

蓼莪　《诗》　蓼蓼者莪。

荆树　见前"荆枝"注。

棣华　《诗》　棠棣之华。

孔李　柳宗元诗:通家殊孔李,旧好即潘杨。

潘杨　潘岳文:潘杨之睦,有自来矣。〇杨,岳之妻家也。

题凤　《世说》　嵇康与吕安善。安来，值康不在，喜延之，不入。题门作凤字而去。凤，凡鸟也。

弄獐　《旧唐书》　李林甫舅子妻诞子，林甫手书庆之曰：闻有弄獐之庆。

名丙　《宋史》　臧丙旧名愚，尝梦其父召丙向空指曰：老人星见矣。丙以寿星出丙入丁。

梦庚　《唐书》　李白母梦长庚星入怀而生，遂名白。

伐木　《诗》　伐木丁丁。

班荆　《左传》　伍举奔郑，声子将如晋，遇之于郑郊，班荆相与食而言复故。

日甲　白居易诗：三岁方知数日甲。

风丁　《元史》　王恂生三岁，家人示以书帙，辄识风丁二字。

抱子　《诗》　亦既抱子。

添丁　卢仝诗：凭仗添丁莫恼爷。〇添丁，仝字名。

赤脚　韩愈诗：一婢赤脚老无齿。

苍头　《汉书注》　名奴为苍头。

小面　白居易诗：小面琵琶婢。

平头　梁武帝诗：平头奴子擎履箱。

葱肆　《南史》　吕僧珍贩葱为业。逮贵，兄子求官，僧珍曰：汝等自有常分，但当速归葸肆。

竹林 《世说》 阮咸与叔籍为竹林之游，时以咸为小阮，亦云阿咸。

占凤 《左传》 懿氏卜妻敬仲，其妻占之曰：吉，是谓凤凰于飞，和鸣锵锵。

委禽 《左传》 公孙黑又使强委禽焉。

分手 褚亮诗：分手未盈旬。

寸心 何逊诗：相思不可寄，直在寸心中。

子女 《汉书》 适子女事下有司。

丁男 《易林》 丁男长女，可以会同。

熊梦 《诗》 吉梦惟何？维熊维罴。

凤占 江总《讲碑》 敬仲继业，盛矣鸣凤之占。

卷十三　人部

形体

四目　《书》　辟四门,明四目,达四聪。

重瞳　《淮南子》　尧眉八采,舜目重瞳。

黄发　《诗》　黄发台背。

绀瞳　《神仙传》　绀瞳绿发。

丹府　《唐类函》　丹府,心也。

绛宫　《黄庭经》　心为绛宫。

目笑　《史记》　平原君竟与毛遂偕,十九人相与目笑之。

心聋　《列子》　心不涉学,犹心之聋。

鹤立　曹植《赋》　竦轻躯以鹤立。

龙钟　《广韵》　龙钟,竹名。年老者如竹,枝叶摇曳,不自禁持。

蒿目　《庄子》　今世之仁人,蒿目而忧世之患。

芥胸　苏轼诗:一洗芥蒂胸。

犀额　《隋书》　刘焯犀额龟背,望高视远。

虎胸　刘琬《赋》:麟腹虎胸。

鲐背　《尔雅》　黄发齯齿,鲐背耇老,寿也。

注：鲐背，背皮如鲐鱼。

鸡皮　《五代史》　周桓公曰：吾老矣，鸡皮鹤发。

足茧　《战国策》　足重茧而不休息。注：足伤皮皱，如蚕茧也。

手龟　《庄子》　宋人有善为不龟手之药者。（音义）友圻如龟文也。

松腹　见“仕宦·松腹”注。

芝眉　《唐书》　房琯曰：见紫芝眉宇，令人名利之心都尽。○元德秀字紫芝。

瓜削　《荀子》　皋陶之状，色如削瓜。

瓠肥　《汉书》　张苍身肥白如瓠。

鹗瞬　张说《郭知运碑》　猿臂虎口，虬须鹗瞬。

虬须　杜甫《赠汝阳王》诗：虬须似太宗。

编贝　《汉书·东方朔传》　目若悬珠，齿如编贝。

悬珠　见上。

瘦竹　苏轼诗：瘦竹如幽士。

魁梧　《史记》　予以为其人魁梧奇伟。

虎颔　释惠洪诗：犀颅气不耆，虎颔目有棱。

犀颅　见上。

耆艾　《诗》　俾尔耆而艾。

冻梨　《诗传》　老人面如冻梨。

眼电　《晋书·王戎传》　裴楷见而目之，曰：戎眼烂烂，如岩下电。

鼾雷　黄庭坚《题东坡字后》　烂醉就卧，鼻鼾如雷。

心醉　《颜氏家训》　所值名贤，未尝不心醉魂迷，向慕之也。

耳餐　梁简文帝《序》　目对金容，耳餐玉润。

气海　《茅亭客话》　杜大举每旦漱，令满口乃吞之，送至脐下气海。

肉山　黄庭坚诗：六月火云蒸肉山。注：戏张文潜体肥也。

藏颔　《后汉书·班超传》　虎头藏颔，飞而食肉，万里侯相也。

鸢肩　《唐书·马周传》　岑文本谓所亲曰：马君鸢肩火色，腾上必速。

鸟喙　《吴越春秋》　越王长颈鸟喙，可与共患难，不可以共宴乐。

虎肩　《帝王世纪》　文王龙颜虎肩。

笨伯　《晋书》　江泉以能食为谷伯，史畴以人肥大为笨伯。

臞仙　苏轼《闻子由瘦》诗：相看会作两臞仙。

鹤发　见前“鸡皮”注。

蜗髻　《古今注》　蜗髻，谓小儿髻如蜗也。

日表　《宋耕籍鼓吹》　仰瞻日表。

风标　《南史》　文章者，盖性情之风标，神明之律吕也。

剪水　李贺诗：一双瞳人剪秋水。

横波　傅毅《舞赋》　目流涕而横波。

青父　《参同契》　肝青为父。

黄婆　《参同契注》　婴儿心血，姹女肾精，黄婆脾中涎。

夔一足　《史通》　尧有八眉，夔惟一足。

藏三牙　《吕氏春秋》　谓藏三牙甚难，而实非也，谓藏两牙两易，而实是也。○孔丛于作藏三耳。

白甲　苏轼《送贾讷倅眉》诗：便与甘棠同不剪，仓髯白甲待归来。

青庚　陆游诗：行乐趁青庚。○青庚，犹青年也。

心剑　韦庄诗：无人为我磨心剑。

舌兵　《说苑》　舌者，兵也。

眉语　刘孝威诗：窗疏眉语度。

目成　《九歌》　满堂兮美人，忽独予兮目成。注：谓目时时流盼注意。

玉柱　《北史》　隋文帝龙颔上有玉柱人质。

珠庭　《唐书》　日角珠庭，非庸人相。

霞举　《世说》　会稽王来，轩轩如朝霞举。

风流　《南史》　武帝曰：此杨柳风流可爱，似张绪当年。

尺面　《五代史》　桑维翰身短而面黑，常自奇曰：七尺之身，不如一尺之面。

寸眸　左思《魏都赋》　八极可围于寸眸。

银海　苏轼《雪诗》　冻合玉楼寒起粟，光摇银海眩生花。注：道家以肩为玉楼，眼为银海。

玉楼　见上。

猿臂　《史记》　李广为人，猿臂善射。

虎头　见前“藏颔”注。

鸡肋　《晋书》　刘伶醉，与俗人相忤。其人攘袂奋拳而往。伶徐曰：鸡肋不足以安尊拳。

獐头　《唐书》　李揆曰：龙章凤姿不见用，獐头鼠目子乃求官耶。

兰臭　《易》　其臭如兰。

蓬心　《庄子》　夫子犹有蓬之心也夫。

背甲　《魏志・管辂传》　背无三甲，腹无三壬，皆不寿之验。

腹壬　见上。

雪鬓　杜衍，年八十诗：雪鬓霜髯满座春。

霜髯　见上。

卷十四　人部

居处

旋马　《宋元通鉴》　李沆为相,厅事前仅容旋马。

登龙　见"人品·登龙"注。

东阁　杜甫诗:东阁官梅动诗兴,还如何逊在扬州。

北窗　《宋书》　陶潜尝言,五六月北窗下卧,清风暂至,自谓是羲皇上人。

云栋　王勃诗:画栋朝飞南浦云。

电窗　《云仙杂记》　帝观书处,窗户玲珑相望,号为闪电窗。

戊宅　郑谷诗:宅成逢吉戊。

寅窗　虞集诗:月到寅窗客未眠。

三三径　杨万里《诗序》　东园新开九径,九种花木各植一径,命曰三三径云。

六六窗　王珪诗:三十六窗秋月明。

松叶架　杨万里诗:羊角豆缠松叶架。

豆花篱　吴师道诗:西风蟋蟀豆花篱。

鸳鸯瓦　吴均诗:屋曜鸳鸯瓦。

翡翠闱　刘禹锡诗:风阙轻遮翡翠闱。

藻室　《抱朴子》　藻室华椽以参差。

蘧庐　《庄子》　仁义,先王之蘧庐也。注:蘧庐,传舍也。

牛屋　《世说》　褚公迁太尉记室参军,投钱塘亭住。时吴兴沈县令送客出亭,吏驱公牛屋下。沈问:牛屋下何人?褚曰:河南褚季野。令大惧,便于牛屋下修刺。

蜗庐　《魏略》　焦先自作一瓜牛庐。注:瓜当作蜗。先作园舍,形如蜗牛蔽,故谓蜗牛庐。

丙舍　温庭筠诗:丙舍无人遗烬香。

甲区　周邦彦《汴都赋》　膴原甲区。

斗室　卢琦诗:欣然生我斗室底。

升阶　《易》　贞吉升阶。

兰室　《家语》　与善人居,如入芝兰之室,久而不闻其香。

栗阶　《仪礼·燕礼》　凡公所辞皆栗阶。注:栗,蹙也,越等急趋君命。

甲第　《史记》　武帝赐列侯甲第。注:有甲乙次第,故云第。

寅阶　《唐六典》　春升寅阶。注:宾阶也。

鱼鳞屋　倪瓒诗:汀前露冷鱼鳞屋。

雁齿阶　庾信文:秦皇余石,仍为雁齿之阶;汉武旧陶,即用鱼鳞之瓦。

夏屋　《扬子》　震风陵雨，然后知夏屋之为帡幪也。

春台　见“地部·春台”注。

月榭　《梁书》　风台累翼，月榭重栭。

风台　见上。

红乙　范成大诗：草阁自题红乙额。

白申　杜甫诗：门引白申宾。

金谷　《晋书》　石崇有别馆在河阳之金谷，一名梓泽。

玉津　《玉海》　玉津园，周显德中置。

郤月　鲍照《贞歌》　夏口樊城岸，曹公郤月楼。

凌云　《世说》　凌云台，楼观精巧，常随风摇动。

俯月　见“天部·影娥”注。

齐云　白居易诗：齐云楼北面。

观鱼濑　苏轼诗：已作观鱼濑，还开射鸭堂。

斗鸭栏　《吴志》　建昌侯虑于堂前作斗鸭栏，颇施小巧。

莲幕　《乐府解题》　时人以入俭府为莲花池，今号莲幕者自此始。

木天　《六典》　内阁司舍，惟秘阁最宏壮穹窿，谓之木天。

青第　郝经诗：浮光四动青云第。

绿天　《清异录》　怀素居零陵庵，植芭蕉，亘带几数万，取叶代纸，号其所曰绿天。

容膝　陶潜诗：审容膝之易安。

及肩　《论语》　赐之墙也及肩。

燕贺　《淮南子》　大厦成而燕雀来贺。

莺迁　卢照邻文：谷变莺迁。

藻井　《梦溪笔谈》　屋上覆撩，古人谓之绮井，亦曰藻井。

花砖　韩偓诗：日过八花砖。

雁齿　白居易诗：雁齿小红桥。

虹腰　曾巩诗：虹腰隐隐松桥出。

子舍　《史记》　石建为郎中令，每五日洗沐，归谒亲人。子舍取亲中裙厕牏，身自浣涤。

午桥　《旧唐书》　裴度于午桥创别墅，花木万株。

癸辛里　周密《癸辛杂识·自序》　癸辛盖余所居里云。

丁卯桥　《一统志》　镇江丁卯桥，唐许浑筑别墅于桥侧。

蜗舍　李商隐诗：自喜蜗牛舍，兼容燕子巢。

燕巢　见上。

种竹　《晋书》　王徽之尝寄居空宅中，便令种竹。曰：何可一日无此君耶！

浣花　胡宗愈《序》:先生自同谷入蜀,遂卜成都浣花江上万里桥之西,为草堂以居。

屋角　杜甫诗:红绸屋角花。

檐牙　《玉海》　楯角储清,檐牙衮缛。

碧柳　王维诗:门垂碧柳似陶潜。

青杨　《隋书》　兰陵萧昚住青杨巷,妥住白杨头。语曰:世有两隽,白杨何妥,青杨萧昚。

甲舍　郑游诗:甲舍连云起。

庚堂　《京口志》　蒜山在镇江,宋沈括隐此,筑庚堂以居。

五柳宅　范成大诗:五柳栗里宅,百花锦城庄。

百花庄　杜甫诗:万里桥西宅,百花潭北庄。

麂眼　陆游诗:短篱围麂眼,幽径缭羊肠。

羊肠　见上。

松叶屋　张籍诗:一间松叶屋。

豆花棚　清珙诗:豆花棚下曾分榻。

雉堞　鲍照《芜城赋》　板筑雉堞之殷。

鸱甍　《茅亭客话》　乖龙苦于行雨,窜匿楼阁鸱甍中。

阁阁　《诗》　约之阁阁。

亭亭　陆龟蒙《杂讽》　大厦若抡材,亭亭托君子。

梓泽　见前“金谷”注。

兰亭　王羲之《序》　暮春之初，会于会稽山阴之兰亭，修禊事也。

甲馆　《北齐书》　今所雠校，出自兰台，御诸甲馆。

庚邮　邹登龙诗：丙枕或思前夜席，庚邮宁肯后锋车。

城北　《战国策》　城北徐公，齐国之美丽者也。

道南　见“伦类·阮南北”注。

西北　《古诗》　西北有高楼，上与浮云齐。

东南　《古诗》　日出东南隅，照我秦氏楼。

甲帐　《汉武故事》　上以琉璃珠玉杂宝为甲帐，其次为乙帐。甲以居神，乙以自居。

蒲帘　陆游诗：断香欲出碍蒲帘。

卷十五　人部

服饰

叠雪　杜甫《五日赐衣诗》　细葛含风软，香罗叠雪轻。

含风　见上。

薜荔　《楚辞》　采薜荔以为裳。

芙蓉　《离骚》　集芙蓉以为裳。

乌匼　杜甫诗：晚风爽乌匼。○巾也。

紫茸　黄庭坚诗：可堪更著紫茸裘。

五两　《诗》　葛屦五两。

一双　张安国诗：赤舄几几应一双。

凫舄　见"仕宦·双凫"注。

鹿菲　《盐铁论》　古者庶人鹿菲草芰。

豭佩　《家语》　子路初见孔子，冠雄鸡冠，佩豭豚。

鹑衣　《荀子》　子夏贫，衣若悬鹑。

蕙带　《楚辞》　荷衣兮蕙带。

荷衣　《楚辞》　制芰荷以为衣。

千镒　《墨子》　千镒之裘，非一狐之腋。

五铢 《博异志》 此上清五铢服。

南部 《后汉书》 崔林给事黄门,参定礼仪,帝尝阅故府得旧冠,题曰南部尚书崔逞制,顾谓林曰:此卿家旧事也。

西都 班固《西都赋》 英俊之域,绂冕所兴。

聚鹬 《左传》 郑子臧好聚鹬冠。

维鹈 《诗》 维鹈在梁,不濡其翼,彼其之子,不称其服。

绣凤 司空图诗:绣凤不教金缕暗。

悬鹑 见前"鹑衣"注。

蝉翼 司马光《首夏诗》:新服裁蝉翼。

鹤纹 张元晏《谢衣段启》 鹤纹价重,龟甲样新。

繁露 《古今注》 牛亨问冕以繁露者何?答曰:缀玉而下垂,如繁露也。

切云 《楚辞》 余幼好此奇服兮,冠切云之崔巍。

马帐 见"人品·马帐"注。

羊裙 《南史》 羊欣著新绢裙,献之书裙数幅而去。欣书因此弥善。

青丝履 《列异传》 胡母班为太山君,赍书诣河伯,河伯贻其青丝履,甚精巧。

白练裙 陆龟蒙诗:书破羊欣白练裙。

冠鹖 《汉书》 鹖冠子一篇。注:楚人居深山，以鹖为冠。

佩豚　《论衡》　世称子路未入孔门时，戴鸡佩豚。

制芰　见前“荷衣”注。

纫兰　《离骚》　纫秋兰以为佩。

雪练　陈旅诗：清溪浮空引雪练。

霜纨　沈约《谢绢启》　霜纨雪委，雾縠冰鲜。

鲁缟　梁简文帝《启》　鲁缟齐纨，藉馨浆而受彩。

齐纨　梁元帝《谢赉锦启》　鲜洁齐纨，声高赵縠。

桐帽　黄庭坚诗：桐帽棕鞋称老夫。

簃冠　《汉书高祖纪》注：今人为筍皮冠，古之遗制，又曰簃冠。

鳣服　《后汉书》　蛇鳣者，卿大夫服之象也。

豸冠　见“帝王·神羊”注。

金钗十二　白居易诗：钟乳三千两，金钗十二行。

珠履三千　《史记》　赵使欲夸楚，为玳瑁簪。春申君客三千，人皆蹑珠履。

獬豸　见“帝王·神羊”注。

貂蝉　《宋书》　侍臣则加貂蝉。应劭曰：蝉居高食洁，貂内劲悍而外温润。

簪豸　王维诗：冠上方簪豸，车边已画熊。

珥蝉　段承根诗：珥蝉紫闼。

楚练　杜甫诗：越罗与楚练。

吴绵　宋祁《谢衣袄启》　并颁齐笥之良，均挟吴绵之暖。

青凤　《拾遗记》　周昭王以青凤毛为二裘。

黑貂　《战国策》　苏季子黑貂之裘敝。

龙缟　《搜神记》　君输我龙缟袜八緉。

鲛绡　《博物志》　鲛人水居如鱼，不废织绩。时出人家卖绡。

桐布　《后汉书》　梧桐华绩以为布。

藕绡　王建诗：藕绡纹缕裁来滑。

天孙锦　苏轼《韩文公庙碑》　天孙为织云锦裳。

泉客绡　见前"鲛绡"注。○泉客，即鲛人也。

鸳锦　《丁六娘十索曲》　莲帐舒鸳锦。

凤罗　《黄庭内景经》　云锦凤罗金钮缠。

白纻　柳宗元诗：春衫裁白纻，朝帽挂乌纱。

乌纱　见上。

粹白　《吕氏春秋》　天下无粹白之狐，而有粹白之裘，取之众白也。

流黄　《古乐府》　中妇织流黄。

兰佩　傅亮《赋》　美兰佩而荷裳。

蓉裳　见前"芙蓉"注。

解绂　陆云诗：解绂披褐，投印怀玉。

坤裳　苏轼诗:坤裳有正色。

狐白　《史记》　孟尝君有一狐白裘。

豻青　《礼记》　麛裘青豻褎。

展白　《释名》　展衣,展坦也,坦然正白,无文采也。〇《吴淑衣赋》　展白无文。

踏青　《千金月令》　三月三日,上踏青鞋履。

鸳绮　刘孝威《谢赍锦被启》　虽复帝赐鹤绫,客赠鸳绮,高悬丽藻,远谢鲜明。

鹤绫　见上。

蜀锦　侯寘词:蜀锦吴绫剪染成。

吴绫　见上。

鹤氅　庾信《谢赍袍袴启》　程据上表,空谕雉头;王恭入雪,虚称鹤氅。

雉头　见上。

火鼠　王贞白诗:火鼠重收布,冰蚕乍吐丝。

冰蚕　《拾遗记》　员峤山有冰蚕,以霜雪覆之,然后为茧。

麝带　刘孝威诗:香缨麝带缝金缕。

蝉衫　陈孚诗:蝉衫麟带谁家子?

卷十六　人部

饮食

庾韭　《南史》　庾杲之清贫，食惟有韭菹、瀹韭、生韭菜。任昉曰：庾郎食鲑，有二十七种。

周菘　《南史》　周颙隐嵩山，王俭谓曰：卿山中何所食？答曰：春初早韭，秋末晚菘。

红友　周必大《题跋》　宜兴黄土封，东坡步田至焉。地主以酒见饷，曰：此红友也。坡言此人知有红友，而不知有黄封，真快活人。

黄公　《世说》　王濬冲经黄公酒垆下，曰：吾昔与嵇叔夜、阮嗣宗酣饮于此，今日视此虽近，邈若山河。

三白　《漫笑录》　钱穆父召东坡餐皛饭，饭一盂，萝卜一碟，白汤一盏。盖以三白为皛也。

二红　《类说》　东坡作麦饭，杂小红豆。王夫人笑曰：此新样二红饭。

玉白　范成大《赋》　春醅珠红，暑礼玉白。

珠红　见上。

熊白　苏轼诗:尽是猩红与熊白。

猩红　见上。

馈妇　黄庭坚诗:兵厨欲罄浮蛆瓮,馈妇初供醒酒水。

黍翁　《宋史》　黍以为翁,克以为妇。以侑元功,以酌大斗。

十榼　《孔丛子》　昔尧饮千钟,孔子饮百觚,子路嗑嗑,尚饮十榼。

千钟　见上。

白薄　《初学记》　关中有酒名白薄。

黄封　见前"红友"注。○黄封内醞。

绿乳　徐铉诗:轻瓯浮绿乳。○茶也。

黄脂　岑参诗:瓮头春酒黄花脂。

徐肺　《语林》　徐晦嗜酒,沈传师善食,杨嗣复云:徐家肺、沈家脾直安稳耶?

沈脾　见上。

酒泉太守　《拾遗记》　羌人姚馥好读书,嗜酒,晋武践位,迁酒泉太守。

麹部尚书　《云仙杂录》　汝南王琎自称酿王兼麹部尚书。

泛蚁　《元稹诗》　但令常泛蚁。

浮蛆　见前"馈妇"注。

馔玉　杨训诗:开筵引贵客,馔玉对春晖。

泻珠　庾肩吾《答湘东王赉粳米启》椓斛泻珠,

翻庭委玉。

炊玉　庾信《谢赵王赉米启》　非丹灶而流珠，异荆台而炊玉。

流珠　见上。

酒母　王安石诗：剩留官屋贮酒母。

酪奴　《魏录》　王肃尝云：羊比齐鲁之大邦，鱼比邾莒之小国。唯茗饮不中，与酪浆作奴。

盐虎　《左传》　盐虎形。注：盐虎形，以象武也。

醯鸡　《庄子》　孔子曰：丘之于道也，其犹醯鸡与。○醯鸡，瓮中之蠛蠓也。

玉鲙　《南部烟花录》　南人鱼鲙，细缕金橙拌之，号为金齑玉鲙。

金齑　见上。

鸾脯凤腊　《玉壶清话》　苏易简曰：臣忆一夕饮大醉，咽吻燥渴，咀齑数根，此时自谓，上界仙厨鸾脯凤腊不及。

熊蹯豹胎　《六韬》　玉杯象箸，不盛菽藿之羹，必将熊蹯豹胎。

酒圣　韦庄诗：乱来知酒圣。

茶神　《全唐诗话》　陆鸿渐撰《茶经》三卷，世目为"茶神"。

斟雉　见"帝王·斟雉"注。

擘麟　《神仙传》　王远至蔡经家，与麻姑共设肴膳，擘麟脯而行酒。

薄夜　徐陵诗：薄夜迎新节。○饼也。

浇春　《国史补》　酒有剑南浇春。

沃雪　枚乘《七发》　小饭大歠，如汤沃雪。

衔云　庾信《歌》　衔云酒杯赤玛瑙。

枚叟　刘克庄诗：席间旧客惟枚叟。

麴君　陈师道诗：风味如麴君。

酒户　唐无名氏诗：因奉王侯酒户加。○酒户，谓酒量也。

屠门　曹植《书》　过屠门而大嚼，虽不得肉，亦且快意。

浮白　《汉书》注：白，罚酒之名也。魏文侯与大夫饮酒，令曰：不釂者，浮以大白。

渥丹　白居易诗：促膝才飞白，酡颜已渥丹。

鲸吸　杜甫诗：饮如长鲸吸百川。

虎餐　李白诗：割鲜若虎餐。

鸡肋　《魏志》注：杨修曰：夫鸡肋，弃之如可惜，食之无所得。

猪肝　见“人品·猪肝”注。

膳祖　《表异录》　段文昌有老婢名膳祖，沈亚之谓之鼎娥，王绩谓之灶妾。

汤官　《汉书·百官公卿表》　官有木官、汤官、导官。注：汤官主饼饵。

寅合　白居易诗：麴神寅日合，酒圣卯时欢。

卯欢　见上。

九子粽　唐明皇《端午》诗：九子粽争新。

五辛盘　《风土记》　元日造五辛盘。五辛所以发五藏之气。

北海　《后汉书》　孔融为北海相，好士，常曰：坐上客常满，樽中酒不空。

南山　宋之问诗：酒近南山作寿杯。

三百　杜甫诗：速宜相就饮一斗，恰有三百青铜钱。

十千　王维诗：新丰美酒斗十千。

清圣　《魏志》　醉客谓酒清者为圣，浊者为贤。

浊贤　见上。

粥鼓　苏轼《金山》诗：半夜不眠闻粥鼓。

饧箫　《诗笺》　箫，编小竹管，如今卖饧者所吹也。

白堕　《洛阳伽蓝记》　刘白堕善酿，朝贵品饷，逾于千里，以其远至，号曰鹤觞。

黄娇　《辍耕录》　段继昌好饮，名酒曰黄娇。盖关中以儿女为阿娇，故以此况之。

缩项　《郡邑志》　楚人长腰粳米，缩项鳊鱼，言美味也。

长腰　见上。

椒糈　《离骚》　怀椒糈而要之。注：椒，香物，糈，精米也。

蕙肴　《九歌》　蕙肴蒸兮兰藉，奠桂酒兮椒浆。

桂醑　周宏让诗：蕙肴荐神飨，桂醑达遥诚。

兰肴　边让《赋》　兰肴山竦，椒酒渊流。

玉馔　左思《吴都赋》　矜其宴居，则珠服玉馔。

珍肴　辛延寿《歌》　就我求珍肴。

龙饼　《酉阳杂俎》　侯思止食龙饼，必令缩葱加肉，号缩葱侍郎。

鹅糕　《食谱》　花折鹅糕。

黄花酒　高启《九日》诗：故园莫忆黄花酒，内府初尝赤枣糕。

赤枣糕　见上。

羊胛　《臆乘》　鼎卦：雉膏不食，云美也。黄山谷诗：数面欣羊胛，论诗喜雉膏。乃借用美意。

雉膏　见上。

菊酿　全炳诗：酒甘和菊酿。

松醪　裴铏《传奇》　酒名松醪春。

素蚁　岑参诗：玉瓶素蚁腊酒香。

红螺　曹唐诗：难放红螺蘸甲杯。

竹叶　杜甫诗：山杯竹叶新。

松花　岑参诗：五粒松花酒。

酥叶　孔平仲诗:酒花随暖聚,酥叶带寒开。

酒花　见上。

拳蕨　黄庭坚诗:蕨芽新长小儿拳。

乳茶　崔珏诗:松雨声来乳茶熟。

卯酒　白居易《卯时酒》诗:佛法赞醍醐,仙方夸沆瀣,未知卯时酒,神速功力倍。

午茶　陆游诗:汲泉自煮午瓯茶。

蚁酒　苏轼诗:银瓶泻油浮蚁酒,紫碗铺粟盘龙茶。

龙茶　见上。

双弓米　《清异录》　单公洁耻言贫,尝有亲访之。留食糜,但云啜少许双弓米。

八饼茶　苏轼诗:待赐头纲八饼茶。

三升酒　白居易诗:春风小榼三升酒。

七碗茶　苏轼诗:且尽卢仝七碗茶。

金谷酒　李白《序》　如诗不成,罚依金谷酒数。

玉川茶　祝简诗:正须七碗玉川茶。

蟹眼　谢宗可《茶筅》诗:万缕引风归蟹眼,半瓶飞雪起龙牙。

龙牙　见上。

染指　《左传》　染指于鼎。

易牙　《孟子》　易牙先得我口之所嗜者也。

娄尾　白居易《寒食》诗:三杯娄尾酒,一碟胶牙糖。

胶牙 见上。

醉圣 见“文学·醉圣”注。

酿王 见前“麴部·尚书”注。

羊酪 《叩头录》 房寿六月调羊酪造金风鲊。

鹤觞 见前“白堕”注。

千日酒 《博物志》 刘元石于中山酒家酤酒，酒家与千日酒，忘言其节度。酒家计千日满，往视之。云亡三年。于是开棺，醉始醒。

九霞觞 《神仙传》 许碏尝醉吟曰：阆苑花前是醉乡，误翻王母九霞觞。

中山酒 见前“千日酒”注。

曲水觞 王羲之《兰亭序》 引以为流觞曲水觞。

桃花饭 皮日休诗：桃花饭熟醉醒前。

竹叶觞 白居易诗：歌巡竹叶觞。

蚁绿 谢朓诗：绿蚁方独持。

鹅黄 杜甫诗：鹅儿黄似酒。

鸡白 唐庚诗：蟹黄嗔止酒，鸡白劝加餐。

蟹黄 见上。

篆饮 《世说》 陆平原在洛，夏日忽思斋东头竹篆中饮，曰：吾思乡转深矣。

莼羹 《晋书》 张翰因秋风起，乃思吴中菰菜、莼羹、鲈鱼脍，遂命驾而归。

银丝脍　杜甫诗：鲜鲫银丝脍。

玉带羹　《山家清供》　论诗及夜，无可供者。赵湖璧曰：吾有镜湖之莼。弟竹潭曰：雍有会稽之笋。仆笑曰：可有一杯羹矣，命庖作玉带羹。以笋似玉，莼似带也。

明星酒　《金门岁节》　洛阳人家乞巧，造明星酒。

金齑鲙　苏轼诗：莫将南海金齑鲙，轻比东坡玉糁羹。

玉糁羹　苏轼《山芋作玉糁羹》诗：香似龙涎仍酽白，味如牛乳更全清。

颐养　《易》　颐，贞吉，养正则吉也。

鼎亨　《易》　鼎，象也。以木巽火。亨饪也。

云子　《鸡肋编》　米元章常作诗云：饭白云留子，茶甘露有兄。人不识露兄，故尝叩之，乃曰：只是甘露哥哥耳。

露兄　见上。

酒子　陆游诗：邻翁分酒子。

曲生　《开天传信记》　叶法善醉而抚其瓶曰：曲生风味，不可忘也。

白粲　杜甫诗：精凿传白粲。

青精　杜甫诗：岂无青精饭，使我颜色好。

松叶酒　庾信诗：方欣松叶酒。

杏花饧　宋九嘉诗：东阳寒食杏花饧。

公膳　《左传》　公膳日双鸡。

侯鲭　《西京杂记》　娄护丰辨，传食五侯间，竞致奇膳。护乃合以为鲭，世称五侯鲭。

三雅　《典论》　刘表子好酒，为三爵。大曰伯雅，次仲雅，次季雅。

五经　《侯鲭录》　晋安人凡馈人酒，书云酒一经，或至五经。他境人闻五经至，束带迎于门，乃知酒五瓶为五经。

黄甲　陆游诗：满贮醇醪渍黄甲，密封小瓮饷红丁。

红丁　见上。○注：红丁，茶也。

玉田　蔡珪《试茶》诗：谷雨新攒玉田尖。

银丁　释贯休诗：菌簇银丁出静槎。

白练　束皙《饼赋》　弱似春绵，白若秋练。

红绫　见“科名·红绫”注。

苏佛　陶彝《茶诗》　生凉好唤鸡苏佛，回味宜称橄榄仙。

茶僧　方岳《茶僧赋》　○谓研茶瓢也。

蒜皮　唐彦谦诗：蒜友日相亲，瓜朋时与俦。

瓜朋　见上。

酒海　谢宗可《醉乡》诗：夜月放船浮酒海，春风扶杖到糟丘。

糟丘　见上。

欢伯　《易林》　酒为欢伯,除忧来乐。

醉侯　《宋史·种放传》　自号云溪醉侯。又皮日休诗:请赠刘伶作醉侯。

雀舌　《避暑录》　茗初萌如雀舌者,谓之枪;稍敷而为叶者,谓之旗。

猫头　《舒岨诗》　猪耳蕈供黄粟饭,猫头笋煮红豆糜。

鸡跖　《淮南子》　善学者犹齐王之食鸡,必食其跖,数千而后足。注:跖,鸡足踵也。

牛心　见"人品·牛心炙"注。

馔玉　骆宾王《帝城篇》　炊金馔玉待鸣钟。

炊金　见上。

玉豉　《列女传》　食石食金盐,可以支长久,食石食玉豉可以得长寿。又《金楼子》五茄,一名金盐。地榆,一名玉豉。

金盐　见上。

鹅儿酒　范浚诗:玉碗鹅儿酒,花磁虎子盐。

虎子盐　见上。

卷十七　人部

农桑

白叟　韩愈《元和圣德》诗：白叟黄童。

黄童　见上。

十雨　《京房易侯》　太平之时，五日一风，十日一雨。

五风　见上。

谷雨　《尸子》　旬日雨为谷雨。

梅风　杜审言诗：弹弦奏节梅风入。

田祖　《诗》　以御田祖。

社公　《提要录》　社公、社母不食旧水，故社日有雨，谓之社翁雨。

风杼　卢照邻《七夕》诗：风杼秋期至。

鸳机　上官仪诗：方移花影入鸳机。

铜雀　《汉乐府》　长安城西双员阙，上有一双铜雀宿。一鸣五谷生，再鸣五谷熟。

鳐鱼　《山海经》　鳐鱼见，则大穰。

望杏　《隋书》　瞻榆束耒，望杏开田。

瞻榆　见上。

中妇　皮日休诗：中妇桑村挑叶去。

小姑　李贺诗:未持寄小姑。

桑妇　陶潜诗:桑妇宵兴。

蚕姑　郑震《采桑曲》　去年养蚕十分熟,蚕姑只著麻衣裳。

雨笠　皮日休诗:静窗悬雨笠。

云犁　刘因诗:共把白云犁。

小卯　《管子》　小卯出耕。

上辛　《礼记》　天子乃以元日祈谷于上帝。注:元日,上辛也。

禾长丙　《齐民要术》　禾生于寅,壮于丁,长于丙,老于戌。

豆生申　《齐民要术》　豆生于申,长于壬,老于丑。

马耳　《齐民要术》　苗生如马耳,则镞锄。注:谚曰:欲得谷,马耳镞。

龙鳞　班固《西都赋》　沟塍刻镂,原隰龙鳞。

宜甲　《汉书》　正月上甲,东风宜蚕。

卜寅　元稹诗:先农卜上寅。

降雨　班固《西都赋》　决渠降雨,荷锸成云。

成云　见上。

积雪　《诗传》　丰年之冬多积雪。古云冬无积雪,夏无余粮。

如云　李康《运命论》　天下之稼如云。

碧浪　贡奎诗:粼粼碧浪稻千畦。

黄云　王安石诗：畦稼卧黄云。

禽飧　《汲冢周书》　若农服田，务耕而不耨，维草其宅之；既秋而不获，维禽其飧之。

鸟耘　《地理志》　山上有禹井、禹祠，相传下有群鸟耘田也。

稚子　陶潜《归去来辞》　稚子候门。

曾孙　《诗》　曾孙之稼。

云子　杜甫诗：饭抄云子白。注：云子，梓云母也。

稻孙　《番禺录》　稻再生曰稻孙。

三百　《诗》　胡取禾三百廛兮？

十千　《诗》　岁取十千。又：十千维耦。

红甲　皮日休诗：绀牙红甲雨三畦。

绿科　白居易诗：绿科秧早稻。

鸦种麦　谢应芳诗：田野无人鸦种麦。

雀衔禾　《拾遗记》　神农时，有丹雀衔九穗禾。

雨笠　苏轼诗：烟蓑雨笠长林下。

烟蓑　见上。

鸳杼　王勃《七夕赋》　引鸳杼兮割冰绡。

龙梭　《晋书》　陶侃渔于雷泽，网得一织梭，以挂于壁。有顷雷雨，化为龙而去。

龙杼　王勃《七夕赋》　息龙杼于仙机。

凤梭　戴叔伦《织女词》　凤梭停织鹊无音。

菖叶　王融《策秀才文》　杏花菖叶，耕获不愆。

杏花　见上。

虎掌　《齐民要术》　有虎掌稻。

獐牙　白居易诗：禄米獐牙稻。

子谷　马祖常诗：清明分子谷，稍稍把犁锄。

女桑　《诗》　猗彼女桑。《传》　女桑，荑桑也。

燕笋　陆游诗：野客就床煨燕笋，蚕家负笼采鸡桑。

鸡桑　见上。

王官麦　蔡羽《思田园》诗：三百王官麦。

帝女桑　上官仪诗：叶密莺啼帝女桑。

南箕簸　萨都剌《雪米》诗：云孙捧出南箕簸，月姊舂来北斗量。

北斗量　见上。

蚕箔　韩愈《联句》　春蚕看满箔。

蟹筐　《礼记》　蚕则绩而蟹有匡。

在酉　《易林》　太岁在酉，乞浆得酒。

呼庚　《左传》　若登首山以呼曰：庚癸乎？则诺。注：庚，西方，主谷。癸，北方，主水。

嫁女　《书》疏：种谷曰稼，如嫁女以有所生然。

长兄　《吕氏春秋》　其耨也，长其兄而去其弟。○兄谓嘉禾，弟谓秕稗。

秋蟀　徐陵《文》　春鹒始啭，必具笼筐；秋蟀载吟，竞鸣机杼。

春鹒　见上。

妇子　谢举诗：迎年妇子欢。

男丁　《隋书》　其男丁每岁役不过二十日。

牧子　《全唐诗话》　李百药尤长五言，虽樵童牧子亦皆吟诵。

畦丁　杜甫诗：畦丁负笼至。

秧马　苏轼《秧马歌序》　见农夫皆骑秧马，日行千畦。

土牛　《礼记》　季冬之月出土牛，以送寒气。

碧线　白居易诗：碧毯线头抽早稻。

青针　陆游诗：秧似青针水满时。

双萤　孟郊诗：双萤抽作纴。

八蚕　左思《吴都赋》　煮海为盐，采山铸钱。国税再熟之稻，乡贡八蚕之绵。

挟五　《管子》　上农挟五。

余三　《礼记注》　每年余一，则三年而余三，又足一岁之用矣。

粟十　《管子》　四举而农佚粟十。注：四会之后，农人佚乐而粟得十全。

班三　《国语》　王耕一发班三之。注：班，次也,谓公卿大夫也。王之下,各三其上也。

背笠　陈造诗:卷蓑背笠随渔翁。

腰镰　陆游诗:腰镰卷黄云。

卷十八　人部

杂艺

画鹿　庾信《马射赋》　变三驱而画鹿，登百尺而悬熊。

悬熊　见上。

象物　《左传》　铸鼎象物。

鸠工　《韵府对语》

綦圣　《抱朴子》　严子卿、马绥明有棋圣之名。

画师　王维诗：前身应画师。

笔虎　《书法苑》　李阳永善小篆，时谓之笔虎。

墨猪　《墨薮》　凡多肉少骨，谓之墨猪。

来禽帖　王羲之《来禽帖》　青李、来禽、樱桃，日给藤子，囊盛为佳。

斫鲙图　《画史》　薛绍彭收《吴王斫鲙图》。

五白　《楚辞》　呼五白兮。○博塞五木也。

三卢　《晋书·载纪》　慕容垂世子宝誓曰：富贵可期，频得三卢。于是三掷成卢。

野鹜　《南史》　庚翼与右军齐名。右军后进，庚始犹不服，与人书云：小儿厌家鸡，爱野鹜，皆学逸少书。

家鸡 见上。

桂父 《列仙传》 桂父常服桂叶，颜色如童。

桐君 陶隐居《本草序》 有桐君药录。

月斧 苏轼诗：月斧云斤斫肺肝。

风斤 《庄子》 郢人垩漫其鼻端若蝇翼，使匠石斫之。运斤成风，尽垩而鼻不伤。

柳骨 范仲淹文：曼卿之笔，颜筋柳骨。

颜筋 见上。

虎卧 《后山谈丛》 宣城包鼎每画虎，脱衣据地。卧起，自视真虎也，取笔一挥。

龙眠 《宋史》 李公麟，字伯时，善丹青，号龙眠居士。

肄柿 《唐书》 郑虔好书无纸，慈恩寺贮柿叶数屋，日取叶肄书。

书蕉 《清异录》 怀素治芭蕉，亘带数万，取叶代纸而书。

虎发 班固《幽通赋》 养流睇而猿号兮，李虎发而石开。

猿号 《淮南子》 养由基调弓矫矢，未发而猿拥柱号矣。

垂露 《法书要录》 曹喜妻善悬针垂露之法。

衍波 《事物纪原》 钟繇善为楷法，鹤头衍波十二书。

空鲙　《宣和书谱》　裴素善草书，规模王氏父子之学。观其空鲙一帖，可谓姿媚有余。

换鹅　《论书表》　羲之性好鹅。山阴道士乃言：欲写《老子》而无能书，府君屈书《道德经》，便合群以奉。羲之写毕，笼鹅而归。

倒薤　《事物纪原》　商务光作倒薤篆。

簪花　王彦泓诗：含毫爱学簪花格。

马鬣　《文苑群隽》　王积薪每出，纸局与棋子并盛竹筒中，系马鬣间。

龙牙　《孔帖》　取蜕龙牙一枚，临局自然机变横出。

春蚓　《晋书》　子云擅名江表，然行行如萦春蚓，字字若绾秋蛇。

秋蛇　见上。

绾蚓　韩驹《谢惠墨》诗：自笑平生绾蛇蚓。

涂鸦　刘炳诗：病目涂鸦不成字。

贯虱　《列子》　纪昌悬虱于牖，望之浸大如车轮。乃以燕角之弧、朔蓬之竿射之。贯虱之心，悬而不绝。

穿杨　《汉书》　养由基，楚之善射者也。去杨叶百步，百发百中。

裹鲊　王羲之有《裹鲊帖》。

换羊　《侯鲭录》　鲁直戏东坡曰：韩宗儒性饕

饕，每得公一帖于殿帅姚麟，许换羊肉十数斤。可名二丈书为换羊书矣。

没骨　《潜确类书》　黄筌善花草，但以轻色染成，谓之没骨图。

点睛　《历代名画记》　张僧繇画四龙不点睛，云点之即飞去。人以为诞，因请点之。须臾，雷电破壁，二龙上天。未点睛者见在。

碧落　张翥诗：学篆每朝临碧落。

黄庭　李白诗：山阴道士如相见，应写黄庭换白鹅。

扇犊　《晋书·王献之传》　桓温尝使书扇，笔误落，画乌驳犊牛甚妙。○犊音字，俗作犊误。

屏蝇　《吴录》　曹不兴善画。横使画屏风，误落笔点素，因以作蝇。

韩幹马　杜甫诗：韩幹画马早入室。

戴嵩牛　《图绘宝鉴》　戴嵩画牛，能尽野性。

木鹊　《墨子》　公输子削竹木为鹊。鹊成，飞三日不下。

棘猴　《韩非子》　燕王好微巧。卫人曰：吾能以棘刺之端为母猴。

虿尾　《书苑》　晋索靖草书绝代，名曰银钩虿尾。

蚕头　《下山志》　蚕头鼠尾碑，颜鲁公书。

蚊脚　庾肩吾《书品论》　蚊脚傍低，鹄头仰立。

鹄头　见上。

凤尾　见“帝王·凤诺”注。

蝇头　陆游诗：岂知鹤发残年叟，犹读蝇头细字书。

百衲　《广川书跋》　蔡君谟书《昼锦堂》，每字作一纸，择其不失法度者。当时谓“百衲本”。

双钩　陆游诗：名帖双钩榻硬黄。

橘井　《仙鉴》　苏耽将仙去，谓乡人曰：后二年大疫，但食一橘叶，饮泉水一杯，自愈。

杏林　《神仙传》　董奉治病，不取钱物，愈者栽杏。后杏子熟，欲买杏者，照取杏之器，易谷以赈贫穷。有欺之者，虎辄逐之，号“董仙杏林”。

皮相　《韩诗外传》　延陵季子游于齐，见遗金，呼牧者取之。牧者曰：吾当暑，衣裘，君疑取金者乎？延陵子知其为贤者，请问姓字。曰：子乃皮相之士也，何足语姓字哉！

手谈　《世说》　王中郎以围棋是坐隐，支公以围棋是手谈。

卷十九　人部

闺阁

春黛山　欧阳修词:春山敛黛低歌扇。

秋水瞳　见“形体·剪水”注。

原碧　《侍儿小名录》　莽妻旁侍者原碧。

小红　《清异录》　唐昭宗琵琶工,名关小红。

纤笋　《诚斋杂记》　杜牧诗:纤纤玉笋裹轻云。曰纤纤玉,似此时已缠足矣。

削葱　元稹诗:弹丝动削葱。

朝云暮雨　宋玉《高唐赋》　旦为朝云,暮为行雨。

秋菊春松　曹植《洛神赋》　荣曜秋菊,华茂春松。

桃叶　见“地部·桃叶渡”注。

柳枝　《全唐诗话》　韩翃宠姬柳氏诗:杨柳枝,芳菲节,可恨年年赠离别。

鸟爪　《神仙传》　麻姑鸟爪。蔡经念言:背大痒时,得此爪以爬背,当佳。

蛾眉　《诗》　螓首蛾眉。

蚼蝉鬓　《玉台新咏》　妆蚼蝉之薄鬓。

出茧眉 陆龟蒙诗:倭堕鸦鬟出茧眉。

西子 《世说》 何乃刻画无盐,以唐突西子也。

南威 《战国策》 晋文公得南之威,三日不听朝。

碧玉 《乐苑》 情人碧玉歌者,宋汝南王所作也。碧玉,汝南王妾名。

绿珠 《晋书》 石崇有妓曰绿珠。

云鬓 白居易诗:云鬓新梳薄似蝉。

雪肤 白居易《歌》 雪肤花貌参差是。

桃颊 崔涂诗:胭脂桃颊梨花粉。

杏腮 周宪王诗:春衫女儿红杏腮。

象服 《诗》 象服是宜。

鱼轩 《左传》 归夫人鱼轩。注:鱼轩,夫人车以鱼皮为饰。

蝉鬓 《古今注》 魏文帝宫人莫琼树始制为蝉鬓,望之如蝉翼然。

鸦鬟 见前"出茧眉"注。

雾鬓 范成大诗:花边雾鬓风鬟满,酒畔云衣月扇香。

风鬟 见上。

玉树 陈后主《玉树后庭花乐府》 妖姬脸似花含露,玉树流光照后庭。

金莲 《南史》 东昏侯凿金为莲花以贴地,令潘妃行其上，曰：此步步生莲花也。

纤手　徐陵《玉台新咏序》　魏国佳人，俱言讶其纤手。

细腰　《后汉书》　楚王好细腰，宫中多饿死。

梅额　《初学记》　寿阳宫主人日卧檐下，梅花落于额上，成五出之花，号为“梅花妆”。

柳腰　庾信诗：上林柳腰细。

芍药　晁冲之《竹夫人诗》　郭芍药情元最密，郑樱桃迹近相疏。

樱桃　白居易诗：樱桃樊素口，杨柳小蛮腰。

眉月　白居易诗：眉月晚生神女浦。

脸波　韦庄诗：临岐无限脸波横。

柳絮　见“天部·柳絮”注。

椒花　《晋书》　刘臻妻元日献《椒花颂》。

红豆　王维诗：红豆生南国，春来发几枝。劝君多采撷，此物最相思。

黄花　李易安词：帘卷西风，人比黄花瘦。

钗燕　顾甄远诗：鉴鸾钗燕恨何穷。

鬓鸦　杜牧诗：新鬓学鸦飞。

惊鸿舞　曹植《洛神赋》　其形也，翩若惊鸿，婉若游龙。

堕马妆　许有壬诗：风吹杨柳回鸾舞，雨浥芙蕖堕马妆。

写翠　《古镜铭》　当眉写翠。

涂黄　王安石诗:汉宫娇额半涂黄。

凤甲　王洙诗:弹筝凤甲剪双尖。

鸾庚　温飞卿诗:簪花细字写鸾庚。

兰质　王勃《七夕赋》　蕙心兰质。

蕙心　见上。

七七　《因话录》　李沂公妾名七七,妙歌舞,善弹筝。

三三　《小名录》　唐刘殉女名三三,工诗,善晋人书法。

卷二十　人部

仙释

奔月　《淮南子》　羿请不死之药于西王母，恒娥窃以奔月。

御风　《庄子》　御风而行，泠然善也。

巢父　《高士传》　巢父以树为巢，而隐其上。时人号曰巢父。

壶公　《神仙传》　公入市卖药，常悬一空壶。日入之后，公跳入壶中。

金母　《西王母传》　仙人得道升天，当揖金母而拜木公。

木公　见上。

赤松子　《史记》　张良曰：愿弃人间事，从赤松子游耳。

黄石公　见“地部·谷城”注。

鲙蝶　《搜神记》　左慈以鲙为曹操劳军，余者皆化蝶飞举。

饭蜂　《葛仙翁别传》　仙翁与客对食，请作一戏。即吐口中饭，尽成飞蜂。

人海　张养浩诗：云山自笑头将鹤，人海谁知我亦鸥。

帝江　《山海经》　天山有神混沌,无目而能识歌舞,实为帝江。

七七　苏轼诗:安得道人殷七七,不论时节遣花开,

双双　李白诗:朅来游嵩岳,羽客何双双。

努目　《隋唐嘉话》　金刚努目,所以降伏四魔,菩萨低眉,所以慈悲六道。

低眉　见上。

紫箓　《云笈七签》　司命刻名,著不死之紫箓也。

青词　《翰林志》　凡道观荐青词文,用青藤纸朱字,谓之青词。

鹤氅　见“人品·鹤氅”注。

鸿衣　《水经注》　鸿衣羽裳之士。

月帔　权德舆《赠炼师》诗:月帔飘飘摘杏花。

霞裾　苏轼诗:待我丹成驭风去,借君琼佩与霞裾。

丁女　苏轼诗:壬公飞空丁女藏。注:壬公,水也。

壬夫　《董逌集》　元冥氏之子曰壬夫,妻祝融氏之女曰丁芊,俱学水仙。

鹫岭　樊忱诗:插萸登鹫岭,把菊坐蜂台。

蜂台　《山堂肆考》　蜂台,佛诵经台也。

玉女　《神异经》　东荒山中有大石室，东王公居焉。恒与一玉女投壶。

金人　《晋书》　秦昭王三日置酒河曲，见金人奉水心之剑，曰：令君制有西夏。

甲子　庾信《步虚词》　中和炼九气，甲子谢三元。

庚申　《酉阳杂俎》　七守庚申三尸灭。

法雨　王维《六祖碑》　大兴法雨。

慈云　《鸡跖集》　如来慈心，如彼大云荫注世界。

鹿苑　《珠林》　母鹿生鹿女，形极美。金仙养之，后佛母生于鹿女，因名鹿苑。

鸡园　《楞严经》　我在鹿苑及于鸡园，观见如来最初成道。

意马　《参同契注》　心猿不定，意马四驰。

心猿　梁简文帝诗：三修祛爱马，六念静心猿。

爬背　见"闺阁·鸟爪"注。

拍肩　郭璞《游仙诗》　右拍洪崖肩。

渡苇　葛长庚诗：薄类梁僧渡苇谋。

乘莲　《拾遗记》　海中有人乘一叶红莲，东方朔曰：此太乙星也。

伐桂　《酉阳杂俎》　月中有桂，高五百丈。下有一人常斫之，姓吴名刚。

偷桃　《汉武故事》　东郡献短人，呼东方朔，至，短人曰：西王母种桃，三千岁为子。此儿已三过偷之矣。

火枣　《合璧事类》　交梨火枣，是腾飞之药。

冰桃　《拾遗记》　西王母进万年冰桃。

龙竹　王绩《游仙诗》　鸭桃闻已种，龙竹未经骑。

鸭桃　见上。

情岳　李適之《法现禅师碑铭》　舟梁爱河，揥拔情岳。

爱河　见上。

指月　《楞严经》　如人以手指月示人，彼人因指，当应看月。

拈花　《传灯录》　世尊拈花，迦叶独破颜微笑。世尊云：吾正法眼藏，分付于汝。

贝叶　《翻译名义》　多罗旧名贝多，其叶长广，其色光润，诸国写经，莫不采用。

昙花　《涅盘经》　佛出世，难如优昙花。

妙叶　梁简文帝《元圃讲颂》　树葳蕤于妙叶。

空花　梁昭明太子诗：意树发空花。

迦叶　李华《左溪大师碑》　以法心付大迦叶。

讲花　欧阳修诗：讲花飘雨诸天近。

意蕊　梁简文帝《相国寺碑铭》　窗舒意蕊，室度心香。

心香　见上。

梅子熟　《传灯录》　大梅和尚曰：任汝非心非佛，我只管即心即佛。马祖曰：梅子熟也。

木樨香　《罗湖野录》　黄鲁直从晦堂和尚游。时暑退凉生，秋香满院。晦堂曰：闻木樨香乎？公曰：闻。晦堂曰：吾无隐乎尔。公欣然领解。

鹅殿　李商隐《启》　鹅殿增辉。注：即佛坐殿。

雁堂　《释氏要览》　毗舍离为佛作堂，形如雁字。

鹿女　见前“鹿苑”注。

鹅王　《法苑珠林》　佛有八十种，随形好相。进止如象王，行步如鹅王，容仪如师子王。

绛雪　《汉武内传》　仙家上药，有玄霜绛雪。

玄霜　见上。

龙钵　李绅《鉴玄影堂》诗：龙钵已倾无法雨，虎床犹在有悲风。

虎床　见上。

白石　《神仙传》　白石先生者，常煮白石为粮。

黄梁　《枕中记》　吕翁、卢生同邸，方蒸黄粱。翁取枕授卢生。未几登第，出入将相五十年。及寤，黄粱尚未熟。

乘鲤　《列仙传》　琴高者，以鼓琴为宋康王舍人。后辞，入涿水中，与诸弟子期，待于水旁设祠，果乘赤鲤坐祠中。

叱羊　见“地部·叱羊”注。

化鹤　《洞仙传》　丁令威学仙，尝暂归，化为白鹤，集郡城门华表柱头。

修羊　《列仙传》　修羊公者，于华阴山石室中有悬石榻，卧其上，石尽空陷。

控鹤　孙绰《赋》　王乔控鹤以冲天。

骑鲸　杜甫诗：若逢李白骑鲸鱼，道甫问讯今何如。

弄玉　《列仙传》　萧史善吹箫，穆公女弄玉好之，公妻焉。一旦，夫妻同随凤飞去。

飞琼　《汉武内传》　王母乃命侍女许飞琼鼓震灵之簧。

鸱顾　《后汉书》　古之仙者，为导引之事，熊经鸱顾，以求难老。

熊经　见上。

白马　《洛阳伽蓝记》　白马寺，汉明帝初立。佛入中国之始，时白马负经而来，因以为名。

青牛　《关中记》　老子度关，乘青牛薄板车。

意马　《融师语录》　意马已成于宝马，心牛顿作于白牛。

心牛　见上。

紫府　《抱朴子》　项曼都言:到天上先过紫府,金床玉几,晃晃昱昱。

丹丘　《楚词》　仍羽人于丹丘。

龙树　《释典》　自释迦世尊而下,中有马鸣龙树,为西天二十八祖。

鹤林　王融《法门颂启》　鹿苑金轮,宏汲引以济俗;鹤林双树,显究竟以开珉。

八八　《列仙传》　吾早遇道士陶八八,授以刀圭碧霞丹。

三三　《传灯录》　问佛法如何?住持曰:龙蛇混杂,凡圣同居。师曰:多少众翁?曰:前三三,后三三。

玉检　陶宏景《许长史旧馆坛碑》　琼函玉检。

银函　《神仙传》　阴长生裂黄素写丹经,封以白银之函。

卷二十一　物部

珍宝

地马　《史记》　造银锡为白金，以为天用莫如龙，地用莫如马。○钱文也。

天龙　见上。

虎魄　见"帝王·碎虎魄"注。

羊脂　《韵府对语》

抵鹊　《盐铁论》　昆山之傍，以玉璞抵乌鹊。

探骊　《庄子》　其子没于渊，得千金之珠。其父曰：千金之珠，必在骊龙颔下。

尺璧　《帝王世纪》　禹不重径尺之璧，而爱日之寸阴。

寸珠　《史记》　梁王曰：寡人尚有径寸之珠，照车前后各十二乘者十枚。

鼠璞　《战国策》　郑人谓玉未理者璞。周人谓鼠未腊者朴。周人怀朴过郑，问贾曰：欲买朴乎？郑贾曰：欲之。出其朴，乃鼠也。

骊珠　见前"探骊"注。

鸭化　《洞冥记》　汉武升望月台，有三青鸭化为三小童,各握鲛文大钱三枚,以置帝几。

蚨涂　《搜神记》　南方有虫曰青蚨,其子如蚕种。得子以归,其母飞来就之,杀其母以涂钱,以其子涂贯,用钱货市,旋则自还。

结绿　《史记》　周有砥砨,宋有结绿,梁有悬黎,楚有和璞。此四宝者,为天下名器。

悬黎　见上。

麟趾　《汉书》　今更黄金为麟趾、褭蹄,以协瑞焉。谓改铸黄金之形也。

褭蹄　见上。

弹雀　罗隐文:夫美玉投蛙,明珠弹雀,舍所贵而求所贱,人即以为惑矣。

投蛙　见上。

鱼目　《文心雕龙》　欲穿明珠,多贯鱼目。

蚌胎　李群玉《看月》诗:皓耀迷鲸目,晶莹失蚌胎。

鸿宝　《汉书》　淮南有枕中鸿宝苑秘书。

骏珍　卢谌诗:饰奖驽猥,方驾骏珍。

蒸栗　魏文帝《又与钟繇书》　美玉白如截肪,黑譬纯漆,赤拟鸡冠,黄侔蒸栗。

浮筠　《礼记》　孚尹旁达。注:孚尹,谓玉采色也。

郑璞　见前"鼠璞"注。

燕珉 《阚子》 宋人得燕石于梧台，藏之以为大宝。

火齐 《南史》 中天竺火齐珠，状如云母，色如紫金。

木难 《广志》 莫难珠，其色黄，生东夷。又云木难。

九府 《汉书》 太公立九府圜法。注：圜，即钱也。

三官 《汉书》 孝武时，专令上林三官铸钱。

龙辅 《左传》 公使献龙辅于齐侯。

象环 《礼记》 孔子佩象环五寸。

龟印 《晋书》 孔愉见笼龟于路者，买而放之。龟中流左顾。及后，铸侯印，而印龟左顾。

雀环 《续齐谐记》 杨宝见黄雀为鸱枭所搏，宝怀之以归，啖以黄花。积年，有黄衣童子曰：我王母使者，蒙君见救。别以四玉环与之，曰：令君子孙洁白，且登三公。

金穴 《后汉书》 郭况金钱丰盛，京师号况家为金穴。

铜山 《汉书·邓通传》 赐通蜀严道铜山，得自铸钱。

渭水 《旧唐书》 峒山问道，渭水求师。又《竹书》注：吕望钓得玉璜。

荆山　《刘子》　连城之璧，瘗影荆山。

赤水　《旧唐书》　志欲矫步丹梯，求珠赤水。

蓝田　李商隐诗：沧海月明珠有泪，蓝田日暖玉生烟。

赤野　《管子》　珠起于赤野。

丹渊　《任子》　丹渊之珠，沉于黄泥。

母币　《国语》　周景王将铸大钱，单穆公曰：民患轻，则为之作重币以行之。于是乎有母权子而行。注：重曰母，轻曰子。

男钱　《钱谱》　布钱，世谓之男钱。妇人佩之，即生男也。

银瓮　《瑞应图》　王者宴不及醉，则银瓮出。

金船　《瑞应图》　王者德盛，则金人下乘金船，游王后池。

赤仄　《汉书》　孝武时，铸赤仄钱。

黄标　《南史》　萧宏性爱钱，百万一聚，黄榜标之。十万一库，悬以紫榜。

姹女　《后汉书》　童谣曰：河上姹女工数钱。

算郎　刘孝威《启》　姹女数而仅通，算郎计而方得。

金马　《华阳国志》　有碧鸡金马，光彩倏忽。汉宣帝遣王褒祭之，欲致鸡马。

玉羊　《瑞应图》　王者钟律和调，则玉羊见。

穿蚁　苏轼《九曲观灯》诗注：小说有以宝珠穿之不得，孔子教以脂涂于线，使蚁通焉。

捋羊　《幽明录》　洛下有田穴，妇杀夫，推而下之，得一穴。长人令跪捋羊须，三捋得三珠。

亥既　《琅嬛记》　河伯宴伯禹于河上，献亥既之珠。夜中宴乐，彻如白日。客甫持觞，而珠中众音至作，宴罢亦止。

丁当　《清异录》　仙音烛，杂宝为之。既然，则玲珑者皆动，丁当清妙。

夜月　《拾遗记》　郭况错杂宝以饰台榭，悬明珠于四垂。里语曰：洛阳多钱郭氏室，夜月昼星富无匹。

昼星　见上。

玉马　《瑞应图》　玉马金牛者，瑞器也。王者清明笃贤，则玉马至；土地开辟，则金牛至。

金牛　见上。

众口　《周语》　众口铄金。

同心　《易》　二人同心，其利断金。

西赆　庾信《赋》　西赆浮玉，南琛没羽。

南琛　见上。

鱼报　《三辅黄图》　帝于池上见大鱼衔索，乃取钩放之，三日得明珠一双，帝曰：岂昔鱼之报耶？

蛇衔　《淮南子》注：隋侯见大蛇伤断，以药傅而涂之，后蛇衔大珠以报，因曰隋侯珠。

卷二十二　物部

文具

管城子　韩愈《毛颖传》　封诸管城，号曰管城子。

楮国公　《纂异记》　薛稷为纸封九锡，拜楮国公。

麈尾　《世说》　王夷甫容貌整丽，妙于谈玄，恒捉白玉柄麈尾。

虎皮　《宋道学传》　张载尝坐虎皮讲《易》。

青镂　《南史》　纪少瑜尝梦陆倕以一束青镂管笔授之，其文因此遒进。

红丝　《西溪丛语》　欧公砚谱，以红丝石为第一。

鱼网　《后汉书》　蔡伦用树肤、麻头及敝布、鱼网以为纸，天下咸称蔡侯纸。

乌丝　《国史补》　宋亳间有织成界道绢素，谓之乌丝栏。

麟角　《拾遗记》　张华造《博物志》，奏于武帝，帝赐青铁砚、麟角笔、侧理纸。

鼠须　《法书要录》　兰亭者，右军制序，兴乐而书用蚕茧纸、鼠须笔。

鼠尾　黄庭坚《赠米芾书画舫》诗:麝煤鼠尾过年年。

龙须　《云仙杂记》　郄诜射策第一,再拜其笔,曰:龙须友使我至此。

玉带　《玉笥集》　张宪有砚名玉带,作《玉带生歌》。

金壶　《拾遗记》　溪提国二神人出金壶,中有墨汁,状若淳漆。

芒角　梁武帝书:运笔邪则无芒角。

赫蹄　《汉书》　箧中有赫蹄书。注:赫,音阋,小薄纸也。

松管　《云仙杂记》　司空图芟松枝为笔管,曰幽人笔,固当如是。

荻灰　《南史》　陶宏景以荻为笔,画灰中学书。

鱼茧　韩愈《联句》　书饶罄鱼茧。○纸也。

麝煤　韩偓诗:蜀纸麝煤添笔媚。

虎仆　《淮南子》　书抽虎仆。注:虎仆,九节狸也,毫可为笔。

龙宾　《云仙杂记》　明皇御案,墨曰龙香剂。一日见墨上有小道士,曰:臣墨之精,黑松使者也。凡世人有文者,其墨上皆有龙宾十二。

鹳眼　《砚谱》　端石出端溪,有鹳鹆眼者为贵。

马肝　《砚谱》　端州深溪之石，其色紫如马肝为上。

鸲眼　李咸用《端石诗》　鸲眼工谙谬，羊肝士乍封。

羊肝　见上。

墨海　《文房四谱》　黄帝得玉一纽，治为墨海。其上篆文曰：帝鸿氏之砚。

砚山　《避暑漫抄》　李后主尝买一砚山，前耸三十六峰。后为米老元章所得。

九万　《语林》　王右军为会稽令，谢公就乞笺纸。捡库中有九万笺，悉以付谢公。

三千　《文房四谱》　陶侃献晋帝笺纸三千，枚墨二十丸，皆极精妙。

象管　王勃《赋》　握象管，展鱼笺。

鱼笺　见上。

冰纸　吴师道诗：剡渚推冰纸。

露笺　欧阳修词：雨笔露笺吟彩画。

潘谷墨　《墨经》　潘谷之煤，人多有之，而制墨莫有及谷者。

薛涛笺　《资暇录》　薛涛好制小诗，命匠狭小为之，名曰薛涛笺。

鸡巨笔　白居易《鸡巨笔赋》　以中山兔毫作之，尤妙为韵。

雁头笺　《云仙杂记》　罗隐喜笔工袁凤，赠雁头笺百幅，士大夫闻之，怀金问价。

龙尾　苏轼《题跋》　昙秀畜龙尾石砚，所谓涩不留笔，滑不拒墨者也。

兔毫　黄庭坚诗：霜兔束毫健。

蕉叶　见“杂艺·书蕉”注。

松花　《资暇录》　松花笺其来旧矣，世以为薛涛笺，误也。

匀碧　陆游诗：矮笺匀碧录唐诗。

硬黄　《游宦纪闻》　硬黄谓置纸热熨斗上，以黄腊涂匀。

石友　王炎诗：剡溪来楮生，歙穴会石友。

楮生　见上。

凤尾　皮日休《紫石砚》诗：石墨一研为凤尾，寒泉半勺是龙睛。

龙睛　见上。

鹄白　黄庭坚《染雅青纸》诗：极知鹄白非新得，谩染鸦青袭旧书。

鸦青　见上。

左伯　《三辅决录》　韦诞奏：夫工欲善其事，必先利其器。用张芝笔、左伯纸及臣墨。

蔡侯　见前“鱼网”注。

中书令　韩愈《毛颖传》　累拜中书令，上尝呼为中书君。

即墨侯　《文房四谱》　石虚中，字居默。拜即墨侯。

铜雀 《文房四谱》 魏铜雀台遗址，人多发其古瓦，琢砚甚工。

玉蟾 《西京杂记》 汉广川王得玉蟾蜍，腹容五合水以为书滴。

卷二十三　物部

武备

虎帐　许浑诗:虎帐斋中设。

雕弓　《诗》　雕弓既坚。

夏箭　沈约诗:飒沓佩吴戈,参差腰夏箭。又庾信《赋》:唐弓九合,夏箭三成。

唐弓　《周礼》　唐弓大弓。注:往体来体若一曰唐弓。

犀兕甲　《盐铁论》　世言强楚劲郑,有犀兕之甲,棠溪之铤也。

凤凰弓　《宋史》　和诜制弓,能破坚于三百步外,边人号曰凤凰弓。

莲花剑　吴均诗:玉鞭莲花剑。

杨叶弓　陈后主诗:鸣弦杨叶弓。

奔星镝　何承天诗:飞镝炫晃乱奔星。

落月弓　李白《大猎赋》　擢倚天之剑,弯落月之弓。

紫电　《古今注》　吴大皇帝有宝剑,云白虹紫电。

白虹　见上。

剸象　何景明《七述》　断犀剸象，斩蛟割虬。

化龙　《晋书》　雷焕、子华为州从事，持剑经延平津，剑忽堕水，使人没水取之，但见两龙。

射柳　庾信《碑文》　藏松宝剑，射柳雕弓。○养由基事。

藏松　见上。

露刃　《宋史》　诸校露刃列于庭。

霜锋　裴夷诗：秋日厉霜锋。

虎节　《周礼》　凡邦国之使节，山国用虎节。

狼烽　《韵府》摘句：边境撤狼烽。

手剑　《公羊传》　会乎桓，庄公登坛，曹子手剑而从之。

毛锥　《五代史》　史宏肇曰：安朝庭，定祸乱，直须长枪大剑，若毛锥子，安足用哉？

雷焕　韩愈诗：雷焕掘宝剑。

风胡　崔融《咏剑》诗：欲知天下贵，持此问风胡。

封父　《左传》　分鲁公以封父之繁弱。注：封父，古诸侯也。繁弱，大弓名

仆姑　《左传》　公以金仆姑射南宫长万。

戊午　《刀剑录》　武丁以戊午岁铸一剑，名曰照胆。

庚辰　《玉海》　作坊造斩马刀，蔡挺奏：战陈之利器也。五月庚辰朔，造数万口，分赐边臣。

虎气　杜甫《蕃剑》诗：虎气必腾上，龙身宁久藏。

龙身　见上。

蛇影　《晋书》　河南厅事壁有角弓，影作蛇。

犀文　曹唐诗：风射犀文甲缝开。

麾日　《淮南子》　鲁阳公与韩遘战，日暮，援戈而麾之，日为之返三舍。

锁云　谢氏《诗源》　更嬴善射，每言能仰射入云中。因名箭曰锁云。

剪水　杜甫诗：安得并州快剪刀，剪取吴淞半江水。

刺山　《梁州异物志》　汉贰师将军李广利伐大宛，还，士卒渴乏，广乃引佩刀刺山，飞泉涌出。

弓月　明徐庆诗：剑花寒不落，弓月晓逾明。

剑花　见上。

鸭嘴　《宋史》　天定中始造箭曰狼牙，曰鸭嘴。

狼牙　见上。

紫电　王勃《序》　紫电青霜，王将军之武库。

青霜　见上。

坚白　《史记注》　龙渊水可用淬刀剑，特坚利，故有坚白之论。

大黄　《汉书注》　太公却敌，以大黄参连弩也。

鸦嘴　陆游诗：鱼肠宝剑余鲛血，鸦嘴金锄带药香。

鱼肠　《吴越春秋》　吴王得越所献宝剑，一曰鱼肠。

太甲　《刀剑录》　太甲以甲子岁铸一剑，文曰定光。

武丁　见前"戊午"注。

卷二十四　物部

杂物

心铁　李商隐诗:心铁已从干镆利。

胆铜　《长编》　胆水浸铁成铜,曰胆铜。

蕉叶盏　李贺诗:泻酒木兰蕉叶盏。

藕丝筒　《华阳风俗录》　郫筒池旁有大竹,倾春酿于筒,苞以藕丝,信宿馨香达外。

鲛胎盏　《云仙杂记》　张宝乞鸡卵以煮药鸭卵以金丝缕海棠花,名鲛胎盏。

象鼻筩　《酉阳杂俎》　郑公悫取大荷叶盛酒,刺叶与柄通,屈茎如象鼻,名碧筩杯。

金鸭　徐铉诗:香烟结雾笼金鸭。

玉虫　韩愈《灯花》诗:钗头缀玉虫。

镜鹊　贺铸词:但频占镜鹊。

钗虫　方岳诗:夜堂烘蜡缀钗虫。

玉虎　李商隐诗:金蟾齿锁烧香入,玉虎牵丝汲井回。注:玉虎,井栏之饰,或以施汲器。

金虫　《韵府摘句》　夜灯挑尽落金虫。

金麦　花蕊夫人《宫词》　纱幔薄垂金麦穗，帘钩纤挂玉葱条。

玉葱　见上。

铁马　孟昉词：风弄虚檐铁马。

铜龙　李商隐诗：玉壶传点咽铜龙。

帆叶　陆龟蒙诗：让王门外开帆叶。

橹枝　陆游诗：鸥驯傍橹枝。

豹髓　《洞冥记》　汉武帝尝得丹豹之髓，白凤之膏，以苏油和之，照于神坛。

蚢脂　《淮南子》　取蚢脂为灯，置火中，即见诸物。

丝鸡蜡燕　《荆楚岁时记》　洛阳人家，正旦造丝鸡蜡燕。

竹马鸠车　《博物志》　小儿五岁曰鸠车之戏，七岁曰竹马之戏。

螺盏　王建诗：沙头欲买红螺盏。

雁壶　杜甫诗：愿君倾雁壶。

甲帐　见“居处·甲帐”注。

庚觚　《钟鼎款识》　父庚觚铭。

灯婢　《开元遗事》　宁王木雕矮婢，饰以彩绘，各执华灯，目之为灯婢。

烛奴　《开元遗事》　申王以檀木刻童子，绿衣束带，执画烛，谓之烛奴。

黄奶　林景熙诗:黄奶秋灯余旧癖。注:《金楼子》载,有人把卷即睡,因呼黄卷为黄奶。

青奴　黄庭坚《竹夫人》诗:青奴元不解梳妆。

龙头鼎　陆游诗:正须山石龙头鼎,一试风炉蟹眼汤。

鹊尾炉　苏轼诗:夹道青烟鹊尾炉。

鸡舌　《汉官仪》　尚书郎含鸡舌香奏事。

麝脐　林逋诗:阵阵寒香压麝脐。

刍狗　《庄子》　刍狗未陈也,巾以文绣,及其已陈也,行者践其首脊,苏者取而爨之而已。

瓦鸡　《金楼子》　陶犬无守夜之警,瓦鸡无司晨之益。

鸬鹚杓　李白《歌》　鸬鹚杓,鹦鹉杯。

鹦鹉杯　见上。

菱花镜　杨达诗:匣中纵有菱花镜。

竹叶杯　孟浩然诗:顿觉寒消竹叶杯。

蕙帐　孔稚珪《文》　蕙帐空兮夜鹤怨,山人去兮晓猿惊。

花茵　《开天遗事》　许慎使童仆聚落花铺坐下,曰:吾自有花茵。

白薄　《北户录》　米饼合生熟粉为之,白薄而软。

乌薪　范成大诗:筠笼冲雪送乌薪。

刻乌　庾信《竹杖铭》　杖端刻乌,角首图麟。注:玉杖以鸠为饰。

图麟　见上。注:刘向有《麒麟角杖赋》。

凉友　《清异录》　净君扫浮尘,凉友招清风。净君凉友,是帚与扇明矣。

净君　见上。

甲鼎　《左传》　会齐侯盟于蒲隧,赂以甲父之鼎。

丁尊　《钟鼎彝器帖》　父丁尊,盖子为父丁作此尊耳。

伯申鼎　《古器评》　古有商伯申鼎。

父乙尊　《钟鼎彝器帖》　子册父乙尊。

鸠杖　《后汉书》　民年始七十者,授之以玉杖。端以鸠为饰,欲老人不噎。

鸡竿　《唐书》　赦日,树金鸡于杖,南竿长七尺。鸡高四尺,衔绛幡长七尺。

露杖　白居易诗:露杖筇竹冷。

虹杆　陆游诗:虹杆秋月钩。

鹄漏　杨亿诗:兰夜沉沉鹄漏移。

鱼关　许敬宗《赋》　虬水移箭,鱼关惊钥。

鱼钥　王士熙《歌》　兽环鱼钥开九门。

兽环　见上。

水马　《荆楚岁时记》　五月五日竞渡舟,取其轻利，一以为水车，一以为水马。

纸鸢　《续博物志》　今之纸鸢，引丝而上，令小儿张口望视，以泄内热。

鹿爪　《乐录》　弹筝者，以鹿角为爪弹之。

龙涎　《稗史汇编》　诸香中龙涎最贵。

三升榼　白居易诗：白角三升榼。

五石瓠　《庄子》　魏王贻我大瓠之种，吾树之成而实五石，剖之以为瓢。

犀筋　杜甫诗：犀筋厌饫久未下，鸾刀缕切空纷纶。

鸾刀　见上。

桂烬　李商隐诗：炉藏桂烬温。

兰膏　《楚词》　兰膏明烛。

凤胫　韩偓诗：凤胫灯清照洞房。

蚖膏　庾信《灯赋》　蚖膏照灼。

镜浪　孟郊诗：镜浪洗手绿。

帘波　毛滂词：绿阴垂幕帘波叠。

香鸭　《齐东野语》　香喷金鸭。

酒螺　梅尧臣诗：海月团团入酒螺。

眉匠　《清异录》　篦诚琐缕物也，余名之曰鬓师眉匠。

脚婆　黄庭坚诗：千金买脚婆。注：暖足瓶也。

薤叶　刘禹锡诗：薤叶照人呈夏簟。

菱花　《飞燕外传》　有七尺菱花镜一奁。

帆腹　苏轼诗:长风送客添帆腹。

橹牙　沈与求诗:橹牙呕哑潮欲平。

甲煎　《本草》　甲煎以甲香同沉麝诸药治成,可作口脂及焚爇也。○煎,子贱切。

丁香　《本草》　丁香生东海及昆仑国。

鹤帐　庾信《小园赋》　坐帐无鹤,支床有龟。

龟床　见上。

蔷薇露　《云仙杂记》　柳宗元得韩愈所寄诗,先以蔷薇露灌手,后发读。

豆蔻汤　《飞燕外传》　婕好浴豆蔻汤。

葵扇　柳宗元诗:盛时一去贵反贱,桃笙葵扇安可常。

桃笙　左思《吴都赋》　桃笙象簟。注:桃笙,桃枝簟也。吴人谓簟为笙。

凤盖　李纲《赋》　凤盖霓旌。

霓旌　常衮文:龙节霓旌。

刚卯　《急就篇》注:射魃,谓大刚卯也,以金玉及桃木刻而为之,一名毅改。

吉丁　《本草》　吉丁虫。注:甲虫也,出岭南,人取带之,令人喜好相爱。

鱼丁枕　《侯鲭录》　石季伦有石枕名鱼丁枕,每夜寝则有青山入梦。

龟甲屏　《洞冥记》　起神明台,上以杂玉为龟甲屏。

兽炭　《晋书》　羊琇性豪侈，屑炭和作兽形以温酒。

凤冰　《杨妃外传》。

龙烛　薛道衡诗：彻夜龙衔烛。

鱼灯　《开天遗事》　南中有鱼，肉少脂多，取炼为油，照筵宴饮食，分外光明，号为馋鱼灯。

西漆　梁简文帝《灯赋》　南油俱满，西漆争然。

南油　见上。

鹢首　《淮南子》　龙舟鹢首。注：鹢，大鸟也。画其象于船头。

螭头　苏轼诗：映山黄帽螭头舫。

红玉　刘子翚诗：燃薪架红玉。

黑金　《清异录》　白鹿洞游士，每冬寒醵金市乌薪为御寒之备，号黑金社。

蚊毫褥　《洞冥记》　以蚊毫织成褥，夏日舒之。

鸟骨帘　《杜阳杂编》　同昌公主设却寒之帘，云即却寒之鸟骨帘所为也。

虎鼻枕　周繇《梦舞钟馗赋》　虎鼻枕欹，象榻透荧荧之影；虾须帘卷，鱼灯摇闪闪之光。

虾须帘　见上。

宝鸭　孙鲂诗：坐久烟消宝鸭香。

金蟾 见前“玉虎”注。

桂楫 杜甫诗:桂楫带酣歌。

蒲帆 范成大诗:西风满棹蒲帆饱。

卷二十五　物部

鸟兽虫鱼

冀北　见"人品·冀北"注。

辽东　《后汉书》　辽东有豕，生子白头，异而献之。及至河东，见群豕皆白，怀惭而还。

青林乐妇　《清异录》　五月采蝉货之，唱曰：只卖青林乐妇妾。

红树歌童　《开元遗事》　明皇呼莺为金衣公子，又呼为红树歌童。

月颊　乔彝《渥洼马赋》　星通两瞳，月贴双颊。

星瞳　见上。

功曹鸟　《述异记》　吐绶鸟，一名锦带功曹鸟。

主簿虫　《酉阳杂俎》　江南旧无蝎，有主簿以竹筒盛蝎过江，至今有之。称为主簿虫。

逐电　《杨子》　九方谭之相马也，虽未追风逐电，而迅足之势固已见矣。

追风　《中华古今注》　秦始皇有七名马，一曰追风。

客燕　杜甫诗:秋燕已如客。

宾鸿　《礼记》　鸿雁来宾。

雁婿　倪瓒诗:鹧鸪生长最高枝,雁婿衔将向北归。

凫翁　黄庭坚诗:春溪蒲稗没凫翁。

羊公鹤　《世说》　刘遵祖庾公与语殊不称,遂名之为羊公鹤。昔羊叔子有鹤,善舞,向客称之。客使驱来,氃氋而不肯舞。

鲍氏骢　《后汉书》　鲍氏骢三入司隶再入公。

雾鬣　苏轼诗:风鬃雾鬣寒飕飕。

风鬃　见上。

凤子　《古今注》　蛱蝶名凤子。

鹅儿　韩偓诗:鹅儿唼嚏栀黄嘴。

月驷　颜延之《赭白马赋》　禀灵月驷,祖云螭兮。

云螭　见上。

水母　郭璞《江赋》　水母目虾。

山雌　《法言》　山雌之肥,其意得乎?注:言山梁雌雉。

丁鹤　李商隐诗:仙才鹤姓丁。

丙鱼　《益都方物略》　二丙之穴,厥产嘉鱼。

寅年虎　白居易诗:寅年篱下多逢虎,亥日沙头始卖鱼。

亥日鱼　见上。

白鸟　《夏小正》　丹鸟羞白鸟。丹鸟者谓丹良也。白鸟者,谓蚊蚋也。

玄驹　《古今注》　河内人呼蚊蚋曰黍民,蚁曰玄驹也。

夏翟　《书》　羽畎夏翟,峄阳孤桐。

春驹　《采兰杂志》　蛱蝶一名春驹。

鱼婢　《尔雅注》　小鱼也,俗呼为鱼婢,江东呼妾鱼。

虾姑　《酉阳杂俎》　虾姑状若蜈蚣,管虾。

燕婢　皮日休诗:燕婢秋随过海船。

蟹奴　《本草》　海中蟹大如钱,而腹下又有小蟹如榆荚者,蟹奴也。

鸠妇　《诗疏》　鹁鸠阴则屏逐其匹,晴则呼之。语曰:天将雨,鸠逐妇是也。

雁奴　《玉堂闲话》　雁宿居中,雁奴围而警采捕。

宋鹊　《文士传》　张俨赋:犬曰韩卢宋鹊,书名竹帛。

韩卢　见上。

蟹稻　《酉阳杂俎》　蟹,八月腹中有芒。芒真稻芒也,向东输与海神,未输不可食。

雁芦　《尸子》　雁衔芦而捍网。

巨口　苏轼《赤壁赋》　巨口细鳞，状如松江之鲈。

团脐　苏轼诗：团脐紫蟹脂填腹。

谷犬　梅尧臣诗：水田鸣谷犬。自注：蜀中虾蟆为谷犬。

秧鸡　《本草》　秧鸡多出泽畔，夏至后夜鸣达旦。

花剪　白居易诗：马鬣剪三花。

竹批　杜甫《马诗》　竹批双耳峻。

鱼媵　《九歌》　鱼鳞鳞兮媵予。

雉媒　李商隐诗：下马雉媒娇。

萤火　《隋炀帝纪》　上征求萤火，得数斛。夜出游山而放之，光遍岩谷。

蚊雷　《汉书》　聚蚊成雷。

鼠技　《荀子》　鼫鼠五技而穷。

鸡才　《庄子》　越鸡不能伏鹄卵，鲁鸡固能矣。鸡之有能有不能者，其才固有巨小也。

璹斋甲子　《桂海虞衡杂志》　璹瑁，俗传甲子庚申日辄不食，谓之璹瑁斋日。

鱼牧庚辛　《谭子化书》　庚氏、辛氏俱牧鱼于池中。

鹤子　《易》　鸣鹤在阴，其子和之。

蜂臣　《关尹子》　圣人师蜂立君臣。

金衣公子　《开元遗事》　明皇见黄莺，呼之为金衣公子。

碧海舍人　《清异录》　鸥字三品鸟也。宜封碧海舍人。

燕知戊己　《抱朴子》　燕知戊己。注：燕衔泥常避戊己日。

鹋忌庚申　《埤雅》　鏖逢申日则过街，殆与鹋忌庚申、燕避戊己无异。

莺友　李商隐诗：若向南台见莺友，为传垂翅度春风。

鸿宾　见前"宾鸿"注。

巧妇　《诗疏》　俗名为巧妇，今鷦鷯是也。

嘉宾　《古今注》　雀，一名嘉宾，言常栖集人家，如宾客也。

双双翼　李商隐诗：身无彩凤双飞翼，心有灵犀一点通。

六六鳞　《埤雅》　鲤三十六鳞，合六六之数。

槐国　《大槐宫记》　淳于棼梦二紫衣人，云槐安国王奉邀，配以金枝公主，曰南柯郡屈卿为守。迨寤，古槐下一蚁穴。

黍民　见前"元驹"注。

黄甲　陆游诗：黄甲如盘大。注：蟹类。

斑寅　《山庄夜录》　桃林斑特处士相访，斑寅将军奉谒，明视门外，唯虎迹牛踪而已。

羊主簿　《古今注》　羊一名髯须主簿，猿一名参军。

猿参军　见上。

竹耳　见前"竹批"注。

兰筋　《相马经》　一筋从元中出，谓之兰筋。兰筋竖者千里。

蛙给廪　《晋中州记》　惠帝为太子，令曰：若官虾蟆，可给廪。

鹤乘轩　《左传》　卫懿公好鹤，鹤有乘轩者。

帝女　《述异记》　精卫一名冤禽，又名志鸟，俗呼为帝女雀。

王孙　《诗疏》　蟋蟀，楚人谓之王孙。

燕子　陈师道诗：卷帘通燕子，织竹护鸡孙。

鸡孙　见上。

鹦父　《吴志》　诸葛恪曰：鸟名鹦母，未必有对，试使辅吴，复求鹦父。

鹤孙　魏野诗：添口鹤生孙。

茶使　《顾渚山茶记》　山中有鸟，每至春正二月作声云：春起也。采茶人呼为茶使鸟。

蜜官　温庭筠诗：蜜官金翼使，花贼玉腰奴。蜜官，蜂也。

桃花骑　王勃《春思赋》　桃花万骑喧长簿。

杏叶鞯　钱惟演诗：马过章台杏叶鞯。

叔鲔　郭璞《江赋》　叔鲔王鳣。

王鳣　见上。

鸡吐绶　见前“功曹鸟”注。

雀披绵　苏轼诗:披绵黄雀漫多脂。注:士人谓脂厚为披绵。

远震　权德舆《表》　天威远震。

连乾　《晋书》　马著连乾鄣泥,不肯渡。王济公:此必是惜鄣泥。连乾,锦名。

鹰爪　白居易诗:鹰爪攫鸡鸡肋折,鹘拳蹴雁雁头垂。

鹘拳　见上。

谢豹　《琅嬛记》　名子规为谢豹。

杜鹃　《成都记》　望帝化为鸟,名曰杜鹃,亦曰子规。

同心脍　《金门岁节记》　七夕乞巧装同心脍。

缩项鳊　《襄阳耆旧传》　汉中鳊鱼甚美,谓之槎头缩项鳊。

白额　王维诗:射杀山中白额虎,肯数邺下黄须儿。

黄腰　《阴符经》　黄腰啖虎。

金翼　见前“蜜官”注。

玉腰　同上。○牒也。

玉尺　朱淑真诗:跃藻白鱼翻玉尺,穿林黄鸟度金梭。

银刀　杜甫诗:出网银刀乱。

月蛤　梅尧臣诗:车螯与月蛤,寄自海陵郡。

霜螯　苏轼《赋》　荐以石蟹之霜螯。

姑恶　戴昺诗:蒲渚鸣姑恶,桑林啭伯劳。

伯劳　见上。

鹤语　《初学记》　冬大雪,见二白鹤于桥下语曰:今兹寒不减尧崩年。

鸾歌　《山海经》　轩辕之国,鸾鸟自歌,凤鸟自语。

燕剪　时大本《白燕》诗:玉剪一双高下飞。

莺梭　张养浩诗:柳岸莺梭巧织蓝。

蛇足　刘兼诗:失手已惭蛇有足,用心休为鼠无牙。

鼠牙　《诗》　谁谓鼠无牙,何以穿我墉?

蚊市　《埤雅》　蝇成市于朝,蚊成市于昏。

蜂衙　《埤雅》　蜂有两衙应潮。

腹蟹　郭璞《江赋》　璅蛣腹蟹,水母目虾。《南越志》　璅蛣长寸余,腹中有蟹子。

目虾　见上。

紫燕　杜甫诗:紫燕自超诣。○马也。

红鸯　韦庄诗:宝马跃红鸯。

鸭褥　《云仙杂记》　浮光多美鸭,樊千里买百只置后池,载浮萍入池,使为鸭作茵。

鱼床　王勃诗:鱼床侵岸水。

雁妇　杨维桢《匹鸟曲》　上林雁妇忍流离。

鸦娘　温庭筠诗:鸦娘咒丰岁。

赭白　颜延之有《赭白马赋》

骊黄　《诗》　有骊有黄。

兹白　王融《序》　纨牛露犬之玩,乘黄兹白之驷。

古黄　《汲冢周书》　犬戎文马而赤鬣,名古黄之乘。

踏白　苏轼诗:云开踏白看人旗。

腾黄　张衡《赋》　扰泽马与腾黄。

燕紫　欧阳修诗:蜂黄燕紫蝶参差。

蜂黄　李商隐《早梅》诗:几时涂额藉蜂黄。

丙尾　《尔雅》　鱼枕谓之丁,鱼肠谓之乙,鱼尾谓之丙。

乙肠　见上。

俗耳　《高隐外书》　戴颙春日携双柑斗酒,往听黄鹂声,曰:此俗耳针砭,诗肠鼓吹也。

诗肠　见上。

蚓笛　《说郛》　蛙鼓蚓笛。

莺簧　欧阳修诗:暖入莺簧舌渐调。

紫乙　郑樵《尔雅注》　紫燕一名紫乙。

仓庚　《诗》　有鸣仓庚。

定甲　《方言》　鶠鴡，周魏齐宋楚之间谓之定甲。

当庚　《山海经》　钦山有兽名当庚。又《从韵》见当庚，则岁丰。

鹞弟　秦宓诗：虎则豹之兄，鹰则鹞之弟。

豹兄　见上。

内史　《采兰杂志》　鹧鸪一名内史。

少卿　《采兰杂志》　皋一名少卿。

寅客　《真诰》　寅客白齿，亦能见机。注：谓虎也。

丑生　《东轩笔录》　唐牛僧儒为相，人呼为牛相，亦曰丑生。

淮白　乃贤诗：水清淮白上，天阔海青低。淮白，鱼名。

海青　见上。海东青，鹰名。

虎乙　《茅亭客话》　虎有威，如乙字，长三寸许，佩之临官，而能威众。

鱼丁　见前“丙尾”注。

吠雪　杨万里《歌》　粤犬吠雪。

疑冰　孙绰《赋》　晒夏虫之疑冰。

凤侣　方千里词：未抵鸳朋凤侣。

鸳朋　见上。

鸥侣　方岳诗：鹭朋鸥侣自烟沙。

鹭朋　见上。

燕友　朱权诗:莺朋燕友时相得。

莺朋　见上。

豹鼠　《尔雅》　豹文鼮鼠。注:汉武帝时得比鼠,孝廉郎终军知之,赐绢百匹。

鱼牛　郭璞《江赋》　尔其水物怪错,则有潜鹄鱼牛。

蜗角　苏轼诗:蜗角虚名,蝇头微利。

蝇头　见上。

智鸟　《庄子》　鸟莫智于鷾鸸。

冤禽　《述异记》　炎帝女溺死东海,化为精卫,一名冤禽。

寅蛤　戴表元诗:莎坂南风寅蛤出,茅檐西日乙禽来

乙禽　见上。

兔加卯　武元衡《贺白兔表》　兔加卯官,白顺金气。

蛇向壬　《埤雅》　蛇蟠向壬。

龟藏六　《阿含经》　有龟被野干所包,藏六而不出。注:龟首尾及四足凡六。

狙赋三　《庄子》　狙公赋芧曰:朝三而暮四。众狙皆怒。曰:然则朝四而暮三。众狙皆喜。

卷二十六　物部

草木蔬果

眉柳　韩偓诗：小雁斜侵眉柳去。

乳桐　《庄子》　桐乳致巢。注：桐子似乳，著其叶而生。

祖竹　吴融诗：祖竹定欺檐雪折。

孙桐　《苏轼集》　凡木本实而末虚，惟桐反之，世所以贵孙枝，贵其实也。

龙孙箨　《宋无诗》　凤梢依旧生虚籁，龙箨相将添远孙。

虎子桐　《群芳谱》　冈梧一名虎子桐。

竹笑　《群芳谱》　竹得风而体夭屈，曰笑。

荪聋　《楚辞》　荪佯聋而不闻。

总翠　江淹《苔赋》　假青条兮总翠。

长红　苏轼诗：花枝袅长红。

鹦绿　陆游诗：鹦绿猩红极天巧。

猩红　见上。

居士竹　孟浩然诗：林栖居士竹。

大夫松　《汉官仪》　秦始皇封泰山，逢疾风暴雨，得松树，因覆其下，封五大夫松。

青牛梓　庾信《赋》　白鹿贞松，青牛文梓。注：南山文梓木，有青牛走出丰水。

白鹿松　见上。注：敦煌有白鹿，塞地多古松，白鹿栖息其下。

鹤膝　《笋谱》　鹤膝竹笋可食。

鸡腔　《齐民要术》　竹名，其笋肥美。

母笋　李贺诗：君看母笋是龙材。

孙枝　白居易诗：梧桐老去长孙枝。

艾虎　《事文类聚》　端午以艾为虎形，或剪彩为小虎，粘艾叶以戴之。

菹龟　《北堂书抄》　节日煮肥龟，令极熟，去骨加盐豉、麻蓼，名曰菹龟。○节日，端午也。

桑眼　范成大诗：柳眉翠已扫，桑眼青未放。

柳眉　见上。

紫绮　韦庄诗：新篁紫绮缄。

青丝　王褒诗：岸柳被青丝。

雀麦　《尔雅》　蘥，雀麦。注：雀麦即燕麦。

凫葵　《后汉书》　桂荏凫葵。注：俗名葵。

荇带　杜甫诗：水荇牵风翠带长。

苔衣　陶宏景《别录》　垣衣又名天韭、鼠韭，即古墙阴青苔衣。

莲君子　周敦颐《爱莲说》　莲，花之君子者也。

蕙大夫 黄庭坚《记》 兰似君子，蕙似士大夫。

鸦舅 陆龟蒙《掇园蔬》诗：行歇每依鸦舅影，挑频时见鼠姑心。○《本草》 乌舅又名鸦舅。

鼠姑 《本草》 牡丹一名鼠姑。

花友 《三余赘笔》 宋曾端伯以十花为十友。

木奴 《襄阳耆旧传》 李衡作宅，种橘千株，敕其子曰：吾有千头木奴。

箘妾 《清异录》 江右多菘菜，鬻笋者恶之，骂曰心子菜，盖笋奴菌妾也。

笋奴 见上。

雁膳 《管子》 其种雁膳黑实，朱跗黄实。

鸡苏 苏轼《石芝》诗：味如密藕和鸡苏。

菊婢 《花史》 金凤花呼为菊婢。

梅妻 见“人品·子鹤”注。

柳带 张泌诗：烟垂柳带纤腰软。

松钗 《癸辛杂识》 凡松叶皆双股，故世以为松钗。

雪友 梅尧臣《梅诗》 龙沙雪为友，青女霜作媒。

霜媒 见上。

龙脑 陆龟蒙诗：高杉自欲生龙脑，小弁谁能寄鹿胎。

鹿胎　《洛阳牡丹记》　鹿胎花者，花有白点，如鹿胎之纹。

羊角　白居易诗：葱垄抽羊角。

鹿胎　《群芳谱》　葱一名菜伯，一名鹿胎。

芡嘴　韩愈诗：风能坼芡嘴，露亦染梨腮。

梨腮　见上。

雨甲　陶宗仪诗：葵菘浮雨甲。

霜辰　梁元帝《纂要》　秋曰白藏，时曰霜辰。

花匠　陆龟蒙诗：花匠凝寒应束手。

药臣　《本草》　上药为君，中药为臣。

橘叟　《幽怪录》　巴邛人家，橘园生两橘，大如三斗盎。剖开，每橘有二叟相对弈戏。

枫人　《化书》　老枫化为羽人。

枫子　《述异记》　南方有枫子鬼，枫木之老者为人形。

艾人　《岁时记》　午日悬蒲剑艾人于门，以禳毒气。

清客　《西溪丛语》　梅为清客。

淡人　《诗品》　人淡如菊。

马鬣　《述异记》　松有两鬣、三鬣、七鬣者，言如马鬣形也。

龙鳞　王维诗：种松皆作老龙鳞。

梅笑　范成大诗：柳颦梅笑各相恼。

柳䕬　见上。

鼠耳　皮日休《野蔬》诗：深挑乍见牛唇液，细掐徐闻鼠耳香。

牛唇　见上。

之子　《诗》　桃之夭夭，灼灼其华，之子于归。

此君　见“居处·种竹”注。

松友　《高僧传》　法潜隐剡山，或问山中胜友为谁，指松曰：苍髯叟也。

竹君　陈造诗：竹君亢宗擅楚墟。

雪魄　苏轼诗：罗浮山下梅花村，玉雪为魄冰为魂。

冰魂　见上。

凤子　释善住诗：岂知幺凤子，元是古龙孙。

龙孙　《笋谱》　俗呼笋为龙孙。

菱母　范成大诗：菱母尚能瘦，竹孙如许长。

竹孙　见上。

芹子　嵇康《绝交书》　野人有快炙背而美芹子者，欲献之至尊。

芥孙　苏轼诗：芦菔生儿芥有孙。

虎掌　《齐民要术》　瓜有龙肝、虎掌、羊骹、兔头。

龙肝　见上。

青子　苏轼《橄榄》诗：纷纷青子落红盐。又文天祥《杏花》诗：春老绿阴青子近。

苍官　范成大诗：乡山岁晚自苍官。○苍官，松也。

金带　《后山谈丛》　广陵芍药有红瓣、黄腰者，号金带围。有时而出，则城中当有宰相。

玉盘　苏轼《诗序》　南禅、资福两寺，以芍药供佛。中有白花，正圆如覆盂，乃为之诗云：两寺装成宝璎珞，一枝争看玉盘盂。

大谷　潘岳《赋》　张公大谷之梨。

小山　庾信诗：梨红大谷晚，桂白小山秋。

红雨　李贺诗：桃花乱落如红雨。

绿天　见"居处·绿天"注。

花笑　朱松诗：花笑为谁含。

柳眠　《三辅故事》　汉苑中柳状如人形，曰人柳，一日三眠三起。

柳絮　梁元帝诗：柳絮飘春雪。

榆钱　庾信诗：榆荚新开巧似钱。

柳线　范云诗：春风柳线长。

荷钱　杜甫诗：糁径杨花铺白毡，点溪荷叶叠青钱。

桃绶　李商隐诗：桃绶含情依露井，柳绵相忆隔章台。

柳绵　见上。

蒲剑　李咸用诗:蒲剑锐初抽。

竹鞭　《笋谱》　竹根曰鞭。

黄金粟　杨万里《赠木犀》　一粒粟中香万斛,君看一梢几金粟?

碧玉椽　《洛阳名园记》　疏筠琅玕,如碧玉椽。

龙干　虞世南诗:抚己惭龙干,承恩集凤条。

凤条　见上。

辛桂　李经诗:诗同辛桂老愈辣。

申椒　《楚辞》　杂申椒与菌桂兮。

娄尾　《清异录》　瓶里数枝娄尾春。芍药殿春,亦得是名。

阔腰　杨万里诗:长腰云子阔腰菱。

獭髓　元好问《杏花落后》诗:獭髓能医病颊肥,鸾胶无那片红飞。

鸾胶　见上。

月干　舒峋诗:云梢月干竹弄影。

云梢　见上。

龙箨　见前"龙孙"注。

凤梢　见上。

竹箭　《尔雅》　东南之美者,有会稽之竹箭焉。

蒲刀　施肩吾诗:蒲茔青刀插水湄。

雀李　《本草》　郁李,一名雀李。

莺桃　《淮南子》注：含桃、莺桃，以其为莺所含食，故曰含桃。

羊枣　《孟子》　曾皙嗜羊枣。

鸭桃　王绩《游仙》诗：鸭桃闻已种。

弟柰　陈造《杏诗》　兄桃柰其弟。

兄桃　见上。

东枣　宇文昶《陪驾》诗：东枣羞朝座，西桃献夜宫。

西桃　见上。

豆田　《齐民要术》　大豆戴田而生。

葱袍　《埤雅》　葱白曰肉，其青谓之袍。

柳浪　《唐书》　王维辋川有竹里馆、柳浪、茱萸沜、辛夷坞。

松涛　欧阳玄《漫题》下帘危坐听松涛。

石衣　《尔雅》　薄石衣。注：水苔也，一名石发。

溪毛　《左传》　涧溪沼沚之毛。

人柳　见前"柳眠"注。

女萝　《诗》　茑与女萝。《传》　女萝，菟丝，松萝也。

尧韭　《运斗枢》　玉衡星散为菖蒲，一名尧韭。

舜华　《诗》　颜如舜华。《传》　舜，木槿也。

王孙草　薛逢诗：王孙草上悠扬蝶。

君子花 高启诗:菊本君子花。

书带草 《三齐略记》 郑玄教授山下,生草如薤叶,士人名作康成书带草。

米囊花 《群芳谱》 罂粟一名米囊花。

凤爪 《容斋随笔》 莆田荔枝或似龙牙,或类凤爪。

龙牙 见上。

辛韭 《四民月令》 正月上辛日,扫除韭畦中枯叶。

辰瓜 《齐民要术》 种瓜宜用戊辰日。

公孙竹 陆游诗:子母瓜新间尊俎,公孙竹长映帘栊。

子母瓜 见上。

槐市 见"科名·槐市"注。

柳衙 《学中故事》 曲江多杨柳,号柳衙。谓成行列如排衙。

兄橘弟柚 《淮南子》 槐榆合与橘柚为兄弟。

父梨子楂 见"伦类·楂梨"注。

花后 《牡丹谱》 人谓牡丹花王,今姚黄真为王,魏紫后耳。

木王 《古今注》 梓为木王。

香祖 《清异录》 江南人以兰为香祖。

花王 见前"花后"注。

红露　皮日休《榴花》诗：风匀只似调红露，日暖惟忧化赤霜。

赤霜　见上。

三千女　周必大诗：白莲近忆三千女，丹荔遥招十八娘。

十八娘　见上。

魏紫　见前“花后”注。

姚黄　见上。

菰白　陆游诗：鸡跖宜菰白，豚肩杂韭黄。

韭黄　《本草》　韭根名韭黄，韭之美在黄。

北胜　《群芳谱》　茉莉曰小南强，牡丹曰大北胜。

南强　见上。

蠡首　晏殊《中园赋》　蠡首牛唇之夥，鸡肠乌喙之繁。

鸡肠　见上。

仙李　杜甫诗：仙李蟠根大。

佛桑　《岭表录异记》　佛桑似朱槿花，茎叶如桑。

王彗　卢照邻诗：径草疏王篲，岩枝落帝桑。

帝桑　见上。

兰友　戴良《对菊联句》　缔芳笑兰友，论雅傲梅兄。

梅兄　黄庭坚《咏水仙》诗：山矾是弟梅是兄。

蜜父 《清异录》　野人种梨者，诧其味曰蜜父，种枇杷者，恃其色曰蜡兄。

蜡兄 见上。

橘弟 《五色线》　槐兄橘弟。

槐兄 见上。

竹弟 卢仝诗：竹弟谢石兄。

松兄 王冕诗：青松是兄梅是弟。

青士 杨万里诗：青士何年下大荒。又《三水小牍》：竹曰青士。

绿卿 《清异录》　王彪《临池赋》云：碧氏方澄，宅龟鱼而荡漾；绿卿高拂，宿烟霞以参差。

芹甲 李新诗：莼丝芹甲满筠笼。

菌丁 王元美诗：杉蒸迟日菌丁肥。

王母 《汉武故事》　西王母种桃，三千年一着子。

圣僧 《苏轼诗注》　杭州人呼白杨梅为圣僧。

白蝶 《群芳谱》　宋禁中牡丹花开。夜有黄白蛱蝶飞绕花间，上令网之，得数百。迟明视之，皆库中金玉形状工巧，宫人以为首饰。

黑牛 《苏轼诗注》　唐末刘训，京师富人。春游以牡丹为盛赏，训邀客赏花，乃系水牛数百在前，指曰：刘氏黑牡丹也。

鸭脚 《洛阳伽蓝记》　牛筋狗骨之本，鸡头鸭脚之草,亦悉备焉。

鸡头　见上。

凤尾　《群芳谱》　凤尾竹,纤小可玩。

猫头　见"饮食·猫头"注。

马乳　《本草》　葡萄子有似马乳者。

鸡头　陆游诗:港种鸡头采满船,○芡,鸡头也。

龙蹄虎掌　《博雅》　龙蹄虎掌,羊骹兔头,瓜属也。

羊骹兔头　见上。

藕线　温庭筠诗:藕丝作线难胜针。

松针　《格物论》　松有数品,或三针,或五针。

羊角　梁简文帝《枣诗》　风摇羊角树,日映鸡心枝。

鸡心　见上。

柳眼　李商隐诗:花须柳眼各无赖。

葵心　陈高诗:葵心映太阳。

寒玉　刘兼《咏竹》诗:影镂碎金初透月,声高寒玉乍摇风。

碎金　见上。

待女　《采兰杂志》　兰待女子同种,故名待女。

宜男　《埤雅》　萱草一名鹿葱,华名宜男。怀妊妇人佩其华，生男也。

竹醉　《岳阳风土记》　五月十三日可种竹，所谓竹醉日也。

莲酣　范成大诗：红莲沉醉白莲酣。

绿战　李觏诗：绿战红酣别是春。

红酣　见上。

卷二十七　附

虚字对

备乃　《书》　备乃弓矢。

櫜之　《诗》　彤弓弨兮，受言櫜之。

未也　《左传》　始基之矣，犹未也。

申之　《诗》　保右命之，自天申之。

播厥　《诗》　播厥百谷，既庭且硕。

耕之　《礼记》　修礼以耕之。

独也　《孟子》　羊枣所独也。

新之　《礼记》　枣曰新之。

日者　《史记》　有日者传。

月之　《穀梁传》　鶂微有知故月之。○谓僖公十六年六鹢退飞。

驾彼　《诗》　驾彼四牡。

驱之　《汉书》　王尊为刺史，至其阪曰：此非王阳所畏道耶？叱其驭曰：驱之。

甫也　杜甫诗：甫也诸侯老宾客。

羲之　《晋书》　王羲之，字逸少。

八及　《后汉书》　天下名士，次曰八及。八及者，言导人追宗也。

五之　《晋书》　王羲之有七子，知名者五人：元之，凝之，徽之、操之，献之。

椒亦　《战国策》　雍门子养椒亦，饮食与之同，得其死力。

松之　《南史》　裴松之注陈寿《三国志》。

耄矣　《左传》　老夫耄矣。

孩之　《老子》　百姓皆注其耳目，圣人皆孩之。

南矣　《宋史》　杨时以师礼见程颢于颍昌，相得甚欢。其归日，颢目送之，曰吾道南矣。

东之　韩愈《进学解》　障百川而东之。

嘉乃　《书》　嘉乃丕绩。

念兹　《书》　念兹在兹。

孝则　《诗》　孝思维则。

媚兹　《诗》　媚兹一人。

清且　《诗》　河水清且涟猗。又《古诗》　河汉清且浅。

注兹　《诗》　挹彼注兹。

来许　《诗》　昭兹来许。

在兹　《诗》　日监在兹。

往者　《论语》　往者不可谏。

今兹　《孟子》　今兹未能。

燕尔　《诗》　宴尔新婚，○《诗》作宴尔，《韵府》作燕尔。

螽斯　《诗》　螽斯羽。

乐此　《后汉书》　光武帝勤劳不怠，帝曰：我自乐此，不为疲也。

取斯　《论语》　鲁无君子者，斯焉取斯。

鸣矣　《诗》　嘤其鸣矣。

色斯　《论语》　色斯举矣。

鰕即　《山海经》　状如狸，一曰鰕。即神圣乘此以行九野。

鸡斯　《六韬》　商王拘西伯于羑里，太公得犬戎鸡斯之乘以献。注：名马也。

海若　《楚辞》　令海若舞冯夷。注：海若，海神名也。

波斯　《山海经》　波斯，西域国。

沃若　《诗》　桑之未落，其叶沃若。

荣斯　萧颖士诗：采采者菊，芬其荣斯。

嵩太　王安石诗：君名高山岳，嵑嶭嵩与太。

洛伊　《史记·周本纪》　粤詹洛、伊，营周居于洛邑而后去。

尔汝　杜甫诗：忘形到尔汝。又韩愈诗：恩怨相尔汝。

吾伊　黄庭坚诗：南窗读书声吾伊。

欸乃　柳宗元诗：欸乃一声山水绿。○欸，音袄，乃，音霭。棹船之声。

轧伊　马祖常诗:缫车轧伊茧抽丝。

贺若　苏轼诗:琴里若能知贺若。

桓伊　李郢诗:惟有桓伊江上笛。

周孔　梁武帝诗:少时学周孔。

吕伊　程钜夫诗:为臣志吕伊。

餍若　郗昂《赋》　得巨鱼而千里餍若。

馁而　《左传》:不其馁而。

鳍鬣　李白诗:双鳃呀呷鳍鬣张。

之而　《周礼》　作其鳞之而。注:鳞,龙蛇之属。之而,颊颔也。

秾矣　《诗》　何彼秾矣,棠棣之华。

反而　《论语》　唐棣之华,偏其反而。

近者　《礼记》　近者悦服。

远而　《论语》　室是远而。

吉了　《会要》　林邑国有鸟能言,胜于鹦鹉,即秦吉了鸟也。

意而　《庄子》　鸟莫智于意而。○意而,玄鸟也。

铄矣　《隋书》　铄矣王度。

祎而　张衡《东都赋》　汉帝之德,侯其祎而。

乐只　《诗》　乐只君子。《笺》只之言是也。

衎而　左思《吴都赋》　乐只衎而,欢饫无匮。

曰若　《书》　曰若稽古帝尧。注:曰若者,发语辞。

乎而　苏轼诗:谈诗究乎而。

教亦　《孟子》　教亦多术矣。

学而　刘克庄诗:邻壁嘲啾诵《学而》。

焕若瑟若　《家语》　美哉璠玙,远而望之,焕若也,近而视之,瑟若也。

魁而颜而　《太玄经》　魁而颜而,玉帛班而。

陟彼　《诗》　陟彼崔嵬。

升其　《易》　升其高陵。

谦以　《易》　谦以制礼。

艮其　《易》　艮其止,止其所也。

时若　《书》　日肃时雨若。

殷其　《诗》　殷其雷。

广莫　《史记》　广莫风居北方。

凄其　《诗》　凄其以风。

毖彼　《诗》　毖彼泉水。

浏其　《诗》　浏其清矣。

瑟彼　《诗》　瑟彼玉瓒。注:瑟,缜密貌。

温其　《诗》　温其如玉。

铿以　《礼记》　钟声铿铿以立号。

坎其　《诗》　坎其击鼓。

馌彼　《诗》　馌彼南亩。

尝其　《诗》　尝其旨否。

贻厥　《诗》　贻厥孙谋。

绳其　《诗》　绳其祖武。

倬彼　《诗》　倬彼云汉。

嘒其　《诗》　有嘒其星。

痔乃　《诗》　痔乃钱镈。注:痔,具也。

略其　《诗》　有略其耜。注:略,利也。

觚不　《论语》　觚不觚。

觩其　《诗》　兕觩其觩。

鄂不　《诗》　常隶之华,鄂不韡韡。

偏其　见前"反而"。

服不　《周礼》　服不氏掌养猛兽而教扰之。

隹其　《尔雅》　隹其,鳺鴀。

寒具　《续晋阳秋》　桓玄好蓄书画,客食寒具,油污其画,后遂不设寒具。

来其　虞集《序》　乡语谓豆腐为来其。

步亦趋亦　《庄子》　夫子步亦步,趋亦趋。

诵其读其　《孟子》　诵其诗,读其书。

相彼　《诗》　相彼鸟矣。

潜虽　《诗》　潜虽伏矣。

人各　《左传》　人各有能有不能。

我虽　《孟子》　我虽不敏。

两可　《晋书》　是有不是,可有不可,是名两可。

四虽　白居易诗:请君添一酌,听我歌四虽。又王禹偁诗:琴酒图三乐,诗章效四虽。

吾弗　《中庸》　吾弗能已矣。

我惟　《书》　我惟时其教告之。

密勿　刘向《封事》　密勿从事,不敢告劳。

思惟　《汉书》　思惟往古。

弗弗　《诗》　飘风弗弗。○弗弗,疾貌。

霏霏　《诗》　雨雪霏霏。

吾岂　《论语》　吾岂匏瓜也哉?

我非　《论语》　我非生而知之者。

作则　《书》　明哲实作则。

知非　《淮南子》　蘧伯玉行年五十,而知四十九年之非。

四勿　朱子诗:颜生躬四勿。

百非　《家语》　夫子见人一善,忘其百非。

了了　黄庭坚诗:念君胸中极了了。

非非　《传灯录》　释迦于檀持山中学非非想。

始可　《论语》　始可与言《诗》已矣。

庶几　《易》　颜氏之子,其殆庶几乎。

尚或　《诗》　尚或先之。

庶几　《诗》　庶几夙夜。

晴乍　司马光诗:四月清和雨乍晴。

雨初　杜甫诗:浪翻江黑雨飞初。

雨乍　欧阳修词:乍雨乍晴花自落。
晴初　司空图诗:小栏花韵午晴初。
鸿则　《宋书》　式傍鸿则。
燕胥　《诗》　侯氏燕胥。
海若　谢灵运《赋》　河灵怀惭于海若。
江胥　《玄真子》　涛之灵曰江胥。
向若　《庄子》　河伯望洋向若而叹。
灵胥　左思《赋》　狎玩灵胥。注:涛之神曰灵胥,吴伍子胥也。
倏忽　曹植乐府:曜灵未移景,倏忽造昊苍。
居诸　《诗》　日居月诸。
圜则　屈原《天问》　圜则九重,孰营度之?注:圜则,谓天也。
方诸　《周礼》　以鉴取明水于月。注:鉴,镜属。取水者世谓之方诸。
咸若　《书》　暨鸟兽鱼鳖咸若。
贲如　《易》　贲如濡如。
焕若　《晋书》　焕若星陈。
穆如　《诗》　穆如清风。
辰太　谢超宗《乐章》　昭望岁芬,环游辰太。
乙如　《尔雅》　二月为如。《疏》二月得乙。则曰橘如。
五太　《啸旨》　啸有五太,五太者,五音也。
六如　《金刚经》　一切有为法,如梦幻泡影,如露亦如电。○范成大诗:万事惟堪六如观。

得得　苏轼诗:此行真得得。

如如　《传灯录》　体用如如。

自况　《南史》　陶潜著《五柳先生传》,盖以自况。

相如　《古诗》　颜色类相似,手爪不相如。

三祝　《庄子》　尧观乎华,华封人曰:请祝圣人,使圣人富、寿、多男子。

九如　元好问诗:敷陈天保歌九如。

莫莫　左思《蜀都赋》　粳稻莫莫。

与与　《诗》　我黍与与。

逝矣　《史记》　高祖曰:公等皆去,吾亦从此逝矣。

归与　《论语》　归与归与。

愤厥　《列子》　吴楚有大木名柚,食其皮汁,已愤厥之疾。

酸与　《山海经》　景山有鸟,名曰酸与。注:令人不醉。

杜若　《九歌》　采芳洲兮杜若。

林于　庾信诗:防露动林于。

亦既　《诗》　亦既见止。

相于　杜甫诗:良友幸相于。○即相依以居之意。

宛在　《诗》　宛在水中央。

依于　元好问诗：南荣坐诸郎，课诵所依于。○依于，依之以居也。

出则入则　《论语》　出则孝，入则弟。

敏于慎于　《论语》　敏于事，而慎于言。

朋盍　《易》　朋盍簪。《疏》盍，合也，簪，疾也，群朋合聚，而疾来也。

友于　《书》　惟孝友于兄弟。

伏矣　《诗》　潜虽伏矣。

依于　《诗》　鱼在在藻，依于其蒲。王在在镐，有那其居。

乐尔　《诗》　乐尔妻孥。

刑于　《诗》　刑于寡妻。

贺若　《续湘山野录》　宫中十小调子，乃隋贺若弼所撰，琴家只命曰《贺若》。

錞于　《周礼》注：錞于，乐作鸣之，与鼓相和。又《国语》　战以錞于、丁宁，儆其民也。

瞿所　《庶物异名疏》　汉武帝游上林，见一好树，问东方朔，对曰：名善哉。后数岁复问朔，朔曰名为瞿所。

蔓于　《尔雅》　茜蔓于。注：多生水中，一名轩于。

莫莫　扬雄《甘泉赋》　神莫莫而扶倾。注：莫莫，清净也。

于于　《庄子》　其卧徐徐，其觉于于。

容与　《楚辞》　聊逍遥兮容与。

唱于　《庄子》　前者唱于，而随者唱喁。

修况　《广韵》　修况，琴名。

菌于　《志奇》　笛一名菌于。

抑抑　《诗》　威仪抑抑。

于于　韩愈文：于于焉而来矣。

惕若　《易》　夕惕若厉，无咎。

懔乎　《书》　懔乎若朽索之驭六马。

钦若　《书》　钦若昊天，历象日月星辰，敬授人时。

焕乎　《论语》　焕乎其有文章。

啸也　《诗》　其啸也歌。

轩乎　《卿云歌》　轩乎舞之。

浑浑尔　《法言》　虞夏之书，浑浑尔。

荡荡乎　《论语》　荡荡乎，民无能名焉。

允矣　《诗》　允矣君子。

善夫　《论语》　善夫。注：善甫人之言也。

何为者　《史记》　客何为者。

有是夫　《论语》　惟我与尔有是夫。

是之取尔　《孟子》　是之取尔。

不亦善夫　柳宗元文：不亦善夫。

三变　《论语》　君子有三变。

四毋　《论语》　子绝四，毋意，毋必，毋固，毋我。

只亦　侯喜《赋》　一言有以，千秋只亦。

将毋　《韩诗外传》　客有见周公者，客曰：疾言则翕翕，徐言则不闻，言乎，将毋？

麟也　《左传》　西狩于大野，叔孙氏之车子锄商获麟，以为不祥，仲尼观之，曰：麟也。

凤兮　《论语》　凤兮凤兮。

善也　《庄子》　列子御风而行，泠然善也。

薰兮　《家语》　舜弹五弦之琴，其辞曰：南风之薰兮。

高也明也　《中庸》　高也明也。

恍兮忽兮　《老子》　道之为物，惟恍惟忽，恍兮忽兮，其中有物。

无乃　王祎诗：契阔将无乃。

是奚　《孟子》　是奚足哉。

更仆　《礼记》　悉数之乃留，更仆未可终也。注：更之者，为久将倦，使之相代。

小奚　《李贺集》　小奚奴背古锦囊，遇所得诗，投其中。

簪盍　王庭臣诗：启经朋簪盍。

酒皆　《诗》　饮酒孔皆。

既备　《诗》　礼仪既备。

孔皆　《诗》　降福孔皆。

花花对　宋子侯诗:花花自相对。

树树皆　王绩诗:树树皆秋色。

年年似　崔道融《杨柳枝词》　年年长似染来新。

处处皆　苏轼诗:苦热诚知处处皆。

允也　《诗》　允也天子,降予卿士。注:谓生贤佐也。

钦哉　《书》　往钦哉。

裕乃　《书》　裕乃以民宁。

康哉　《书》　庶事康哉。

纯亦　《中庸》　纯亦不已。

显哉　《书》　丕显哉,文王谟。

卓尔　《论语》　如有所立,卓尔。

贤哉　《论语》　贤哉回也。

美矣　司马相如《赋》　美则美矣。

佳哉　《后汉书》　气佳哉,郁郁葱葱然。

萌也　《春秋考异邮》　风之为言萌也。

快哉　宋玉《风赋》　快哉此风。

高矣美矣　《孟子》　道则高矣美矣。

唐哉皇哉　班固《典引》　唐哉皇哉。

易曰　《易》　系辞传易曰。○易曰诗云,书中引用甚多,只摘录二字。

诗云　见上。

佥曰 《书》 佥曰于鲧哉。

亦云 蔡松年诗:他日人云吾亦云。

尔尔 欧阳彻诗:平世未应徒尔尔。

云云 苏拯诗:千载误云云。

枣曰桃曰 《礼记》 枣曰新之,桃曰胆之。

入云坐云 《孟子》 入云则入,坐云则坐。

其斯之谓 《论语》 其斯之谓与?

何足以云 杨修《书》 何足以云。

务审所谓 《大戴礼》 言不务多,而务审所谓。

何烦多云 王羲之《帖》 何烦多云。

润以 《易》 润之以风雨。

油然 《孟子》 天油然作云。

穆若 刘兼诗:山郡披风方穆若。

泠然 见前"善也"注。

莞尔 《论语》 夫子莞尔而笑。

嫣然 宋玉《登徒子好色赋》 嫣然一笑。

潮也 杜甫《李潮八分小篆歌》 潮也,奄有二子成三人?

浩然 杜甫诗:复忆襄阳孟浩然。

聊且 韩上桂诗:三命五命,徒然一丘一壑,聊且。

徒然 见上。

聊复尔　《晋书》　阮咸七月七日以竿挂大布犊鼻裈于庭,曰:未能免俗,聊复尔耳。

想当然　《界穗笔谈》　东坡论中有云,尧曰宥之三。梅圣俞问:出何书?答曰:想当然耳。

逌尔　崔骃《东巡颂》　于时典司耆耇,载华抱实,逌尔而造。

藐焉　晋明帝《蝉赋》　藐焉独处,弗累于情。

白也　杜甫诗:白也诗无敌。

乌焉　《古谚》　书经三写,乌焉成马

苞矣茂矣　《诗》　如竹苞矣,如松茂矣。

轮焉奂焉　《礼记》　美哉轮焉,美哉奂焉。

二谢　杜甫诗:孰知二谢将能事,颇学阴何苦用心。

三何　《梁书》　何思澄与宗人逊及子朗俱擅文名,时人语曰:东海三何,子朗最多。

特乃　《桂海虞衡志》　特乃子,状似榧而圆长端正。

如何　《神异经》　南荒有树名如何,三百岁作华,九百岁作实。如枣,长五尺,食之地仙。

李杜　韩愈诗:李杜文章在,光焰万丈长。

阴何　见前"二谢"注。

岂不　《诗经》　岂不尔思,远莫致之。

非耶　《史记》　傥所谓天道是耶非耶。

馀不　《晋书》　孔愉封馀不亭侯。

若耶　《水经注》　若耶溪，永至清。

茂矣美矣　宋玉《神女赋》　茂矣美矣，诸好备矣。

是耶非耶　汉武帝《李夫人歌》　是耶非耶，立而望之，翩何姗姗其来迟。

玉质　《文心雕龙》　所谓玉质金相。

金相　《诗》　金玉其相。注：相，质也。

不乃　《溪蛮丛笑》　交趾重不乃羹，先鼻引其汁。不乃者，反切摆也。

还相　《礼记》　五味六和十二食，还相为质也。注：六和皆相为用也。

盍各　《论语》　盍各言尔志。

交相　欧阳修诗：胜败可交相。

征迈　《诗》　我日斯迈而月斯征。

就将　《诗》　日就月将。

砺乃　《书》　砺乃锋刃。

干将　《吕氏春秋》　干将作剑，阳曰干将，阴曰莫邪。

好在　杜甫诗：因君问消息，好在阮元瑜。

相将　元稹诗：相将偏此时。

喘耎　《庄子》　喘耎之虫，莫不失其性。

颠当　《酉阳杂俎》　颠当形似蜘蛛，《尔雅》

谓之王蚨蜴。秦中儿童戏曰：颠当颠当牢守门。

亥既　详见“物部·珍宝”。

丁当　同上。

未了　杜甫诗：岱宗夫如何，齐鲁青未了。

丁当　《王十朋诗》　鸟声依旧克丁当。注：山中有鸟声曰克丁当。

仆数　见前“更仆”注。

郎当　杨亿《傀儡诗》　鲍老当筵笑郭郎，笑他舞袖太郎当。

狗苟　韩愈《送穷文》　蝇营狗苟，驱去复还。

蝇营　见上。

已太　韩愈《秋雨诗》　庶几谐我愿，遂止无已太。

毋宁　《左传》　毋宁使人谓子，子实生我。注：毋宁，宁也。

罔既　曾巩书：祷颂之诚，叙陈罔既。

尝曾　韩愈诗：感激生胆勇，从军岂尝曾。

今既　《孟子》　今既数月矣，未可以言与？

昔曾　白居易诗：昔曾对作承华相。

尔曷　《书》　尔曷不忱，裕之于尔多方。

吾曾　苏轼诗：聊亦记吾曾。

郭况　《后汉书》　郭况丰盛莫比，京师号为金穴。

何曾　《晋书》　何曾性豪奢，食日万钱，犹曰无下箸处。

六太　《礼记》　天子建天官，先六太。

八能　《后汉书》　冬至夏至中，黄门引八能之士入自端门。○八能，皆调乐律之士。

屏翳　曹植《洛神赋》　屏翳收风，川后静波。注：屏翳，风师也。

石尤　见"天部·尤妇"注。

绝特　韩愈文：有瑰伟绝特之观。

殊尤　成公绥《啸赋》　羌殊尤而绝世。

郎皋　《方言》　鸠自关而东，谓之郎皋。

夫不　《左传疏》　祝鸠即夫不。

著花未　王维诗：寒梅著花未。

有酒不　杜甫诗：借问有酒不。

消息未　范成大诗：雪白杨梅消息未。

决疑不　白居易诗：问我决疑不。

威克　《书》　威克厥爱允济。

壮犹　《诗》　方叔元老，克壮其犹。

匆匆　杜牧诗：浮生长匆匆。

犹犹　《礼记》　君子盖犹犹尔。注：疾舒之中。

兀若　谢安诗：醇醑陶丹府，兀若游羲唐。

夷犹　《楚辞》　君不行兮夷犹。注：夷犹，犹豫也。

不苟　《江表传》　临事不苟。

何堪　《左传》　吾何以堪之。

多又　《诗》　矧敢多又。

罔兼　《书》　文王罔攸兼于庶言、庶狱、庶慎。

不又　《诗》　天命不又。

相兼　杜甫诗:胜概欲相兼。

提要　韩愈文:记事者必提其要。

发凡　《春秋序》　发凡以言例。

末厥　陶谷诗:尖檐帽子卑凡厮,短勒靴儿末厥兵。○斯,入声。卑凡、末厥,皆当时语。

卑凡　见上。